hte

Zeitschrift für Ideengeschichte
Heft XVII/4 Winter 2023

Große Männer

Herausgegeben von
Daniel Schönpflug &
Barbara Stollberg-Rilinger

Deutsches Literaturarchiv Marbach
Klassik Stiftung Weimar
Herzog August Bibliothek Wolfenbüttel
Wissenschaftskolleg zu Berlin
Stiftung Preußischer Kulturbesitz Berlin
Kunsthistorisches Institut in Florenz – MPI

Redaktionsadresse:
Zeitschrift für Ideengeschichte
Wissenschaftskolleg zu Berlin
Wallotstraße 19
14193 Berlin

www.z-i-g.de
www.chbeck.de

Die Zeitschrift für Ideengeschichte erscheint viermal jährlich und ist auch im Abonnement erhältlich.

Bezugspreis:
Einzelheft: € 20,00 [D]; € 20,60 [A];
als E-Book: € 12,99
Jährlich: € 64,00
inkl. Vertriebsgebühren (Inland); zzgl. € 30,00 (Ausland)
Sonderpreis: € 52,00
inkl. Vertriebsgebühren (Inland); zzgl. € 30,00 (Ausland)
Der Sonderpreis gilt für Mitglieder der mit den Herausgeber-Institutionen und ihren Museen, Archiven, Bibliotheken und Instituten verbundenen Vereine gemäß der Liste auf www.z-i-g.de, für Mitglieder des Verbands der Historiker und Historikerinnen Deutschlands e.V. und des Verbands der Geschichtslehrer Deutschlands e.V. sowie für Abonnenten der Marbacher Magazine.

Abo-Service:
Telefon (089)38189-750 • Fax (089)38189-402
E-Mail: Kundenservice@beck.de

Gestaltung:
vsp-komm.de

Layout und Herstellung:
Simone Decker

Druck und Bindung:
Beltz Grafische Betriebe GmbH, Bad Langensalza

ISSN 1863-8937 • Postvertriebsnummer 74142
ISBN gedruckte Ausgabe 978-3-406-80025-2
ISBN E-Book-Ausgabe 978-3-406-80305-5

Verlag C.H.Beck, Wilhelmstr. 9, 80801 München

myclimate
klimaneutral produziert
www.chbeck.de/nachhaltig

Im nächsten Heft: Hunger. Mit Beiträgen von Jörg Baberowski, Felicitas Hoppe, Thomas Kaufmann, Liliane Weissberg und weiteren.

Zum Thema

«Die Weltgeschichte ist nichts als die Biographie großer Männer.» Mit dieser kleinen maskulinen Geschichtsphilosophie lieferte Thomas Carlyle einst der Sozial- und Geschlechtergeschichte eine Steilvorlage zur Kritik. Doch inzwischen scheint sich das Blatt gewendet zu haben. Den männlichen Großdespoten unserer Tage wird man, auch wenn sie politische Scheinriesen sind, Geschichtsmächtigkeit wohl nicht absprechen können. Kündigt sich da ein ausgewachsener *body size turn* der Geschichtswissenschaft an? Bis zur Klärung der Frage betreibt diese Ausgabe der *Zeitschrift für Ideengeschichte* Grundlagenforschung und stellt eine alte Frage neu: Ab wie vielen Zentimetern kann man eigentlich von männlicher Größe sprechen?

Schon Xenophon lehrte, dass der Herrscher, um seine Umgebung zu bezaubern, hohe Schuhe tragen müsse, die ihn größer erscheinen ließen. Dass Potestas und Potenz einander wechselseitig als Metapher dienen können, ist seit der Antike nachweisbar. Gleichzeitig ragten viele Figuren der Geschichte, die von Zeitgenossen oder der Nachwelt als «große Männer» bezeichnet wurden, kaum über das Mittelmaß hinaus: Alexander der Große mit 154 cm, Friedrich der Große mit 162 cm, Hitler mit 175 cm oder Putin mit 170 cm erwecken den Verdacht, dass die Messlatte für den großen Mann nicht sehr hoch liegt. Ist männliche Größe am Ende nur eine spekulative Idee?

Höchste Zeit, dass die *ZIG* ein ungeschriebenes Kapitel der Körpergeschichte aufschlägt und dem großen Mann mit strenger Epistemologie auf den Leib rückt. Die statistischen Daten zur männlichen Körpergröße, die Heiko Hecht in seinem Beitrag präsentiert, geben zu denken: Zwar gibt es eine statistische Relation zwischen Körpergröße und Einkommen – ca. ein Prozent mehr Gehalt pro Zentimeter! Aber überdurchschnittlich große Männer haben auch höhere Gesundheitsrisiken und eine höhere Sterblichkeit als ihre kleineren Geschlechtsgenossen – und werden vielleicht auch deshalb von Frauen bei der Partnerwahl eher gemieden.

Maximilian Benz zeigt, wie Geistesgröße im 18. Jahrhundert zu einem Ideal wurde. Doch offenbar waren die Größten nicht zu allen Zeiten die Schönsten. Ulinka Rublack legt den Befund nahe, dass in Mittelalter und Renaissance keineswegs nach herausragender Körpergröße gestrebt wurde. Geschätzt wurden vielmehr harmonische Proportionen. Entsprechend wurde der Rang eines Herrschers nicht durch seine Körperlänge, sondern durch seine Positionierung im Raum markiert. Erst im 18. Jahrhundert begann man an die Zahlen zu glauben. Die Soldaten wurden immer größer, obwohl das im Gefecht eher nachteilig war, und schon die allererste medizinische Abhandlung über das menschliche Längenwachstum warnte, dass auch der größte und schönste Körper die Werkstatt einer durchteufelten Seele sein könne.

Dass große, starke Männer Geschichte machen, scheint immerhin für die amerikanischen Wahlgefechte in der ersten Hälfte des 19. Jahrhunderts zu gelten. Hedwig Richter erzählt amerikanische Demokratiegeschichte als *Fight Club*. Schwächliche Wahlbürger wurden mit Fäusten und Waffen zum Wahllokal gezwungen, um einen bestimmten Kandidaten zu stärken. Während am *Election Day* das Prügelrecht des Größeren und Stärkeren sich Geltung verschafft, zeigt Wolf Lepenies, dass Gleiches für den amerikanischen Basketball nicht zutrifft. Nicht nur Kareem Abdul-Jabbars (218 cm) legendär zelebrierter *Sky Hook* – «It's not a macho shot»: Korbtreffer waren zu allen Zeiten eine Frage der Technik. Doch seit in den 1960er Jahren der Drei-Punkte-Wurf ins Regelwerk der Ligen aufgenommen wurde, schlug auch auf dem *Play Court* die Stunde der flinken Kleinen. Der aus großer Distanz geworfene «Dreier» machte die muskelbepackten Korbriesen zusehends überflüssig.

Und doch scheint diesseits der NBA die Sehnsucht nach männlicher Größe in unserem Zeitalter fortzuwirken, in dem digitale Avatare alle physischen Gegebenheiten überwinden. Womöglich gilt das auch und gerade für die Ideengeschichte, die nie aufgehört hat, ihre Riesen des Geistes zu verehren.

Daniel Schönpflug
Barbara Stollberg-Rilinger

Heiko Hecht

Wie groß ist der Mann?

Annäherungen aus der experimentellen Psychologie

Die durchschnittliche Körpergröße eines männlichen Homo sapiens sapiens beträgt derzeit etwa 1,75 Meter. Bei der Suche nach einer differenzierteren Antwort auf die in der Überschrift gestellte Frage werden wir in der renommierten Zeitschrift *The Lancet* fündig.[1] Die hier veröffentlichten Daten geben die Durchschnittsgröße 19-jähriger Männer wieder, die in einem weltweiten Mikrozensus des Jahres 2019 erhoben wurde, also die Maße des Geburtsjahrgangs 2000 *(Abb. 1)*. Die höchste Durchschnittsgröße bei dieser Männerkohorte findet sich mit 1,84 m in den Niederlanden, die kleinsten Männer mit 1,60 m Körpergröße leben in Osttimor in Südostasien. Die Zahlen sind belastbar, denn insgesamt erfassten die Autoren immerhin 65 Millionen Menschen. Der deutsche Mann ist mit 1,80 m zwar recht groß, hat aber in letzter Zeit nur wenig zugelegt. Die chinesischen Männer in dieser Studie waren mit 1,75 m vergleichsweise klein, hatten aber prozentual den größten Zuwachs über die letzten dreißig Jahre zu verzeichnen. Er betrug immerhin ungefähr 7 cm pro Jahr, während deutsche Männer in diesem Zeitraum im Schnitt nur einen Zentimeter größer wurden. Wenn der Trend anhält, überholt der chinesische den deutschen Mann in gut zwanzig Jahren an Körpergröße. Die Statistik zeigt, dass die Variationen erheblich sind, sowohl zwischen Regionen als auch zwischen Individuen aus derselben Region – darüber hinaus ist männliche Größe zeitlicher Veränderung unterworfen: Da Männer wachsen, aber mit dem Laufe der Lebenszeit auch wieder

1 A. Rodriguez-Martinez et al: Height and body-mass index trajectories of school-aged children and adolescents from 1985 to 2019 in 200 countries and territories: a pooled analysis of 2181 population-based studies with 65 million participants, in: The Lancet, Bd. 396, H. 10261 (2020), S. 1511–1524.

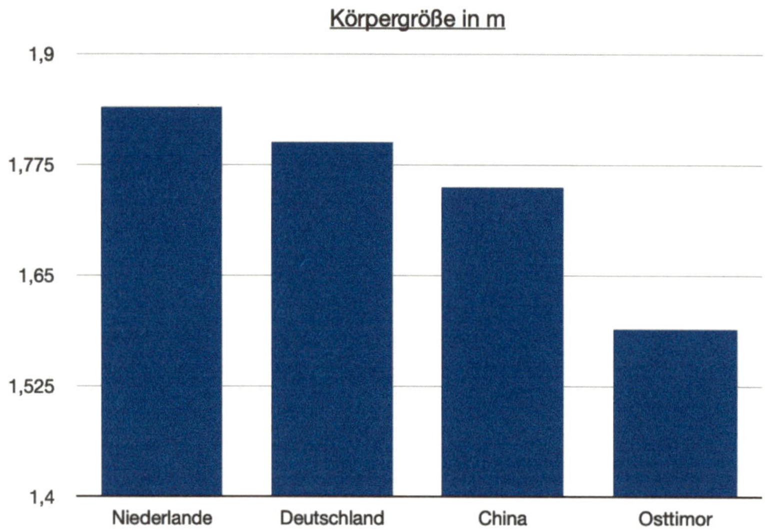

Abb. 1
Männliche Größe im internationalen Vergleich. Man beachte in diesem Säulendiagramm, dass die Ordinate nicht bei null beginnt, die Unterschiede in der Körpergröße nicht derart interpretiert werden dürfen, als sei der Mann aus Osttimor lediglich halb so groß wie der deutsche Mann. Der Unterschied beträgt aber immerhin 21 Zentimeter.

schrumpfen, variiert ihre Körpergröße sowohl im Verlauf eines einzelnen Manneslebens als auch in den langen Wellen der Menschheitsgeschichte *(Abb. 2)*.

Ein genauerer Blick auf die Größenverteilung innerhalb einer Population zeigt, dass männliche Höhe mit anderen einflussreichen Variablen korreliert: In Deutschland sind Akademiker im Mittel größer als Nichtakademiker. Laut Mikrozensus des Statistischen Bundesamtes von 2005 überragen Männer mit Abitur den Durchschnitt um 1,3 cm. Eine Promotion bringt zusätzlich noch einen guten Zentimeter. Beim Gehalt zeigt sich, dass, selbst wenn Arbeitszeit und Alter übereinstimmen, große Männer von 1,92 m einen durchschnittlichen Nettostundenlohn erzielten, der gut ein Viertel höher lag als der von Geschlechtsgenossen mit einer Körpergröße von 1,63 m. Jeder Zentimeter bringt fast ein Prozent mehr Verdienst![2] Der Mikrozensus des Statistischen Bundesamtes von 2017 verrät darüber hinaus, dass erwerbstätige Männer mit 1,80 m im Schnitt zwei Zentimeter größer sind als erwerbslose.

Leben große Männer länger? Genau das Gegenteil war für um das Jahr 1900 Geborene auf dem Lande in den USA der Fall, ganz kleine und ganz große Männer waren im Nachteil.[3] In der Stadt allerdings wirkte sich Größe durchweg lebensverlängernd aus. In den stark urbanisierten Niederlanden schlägt sich die Körpergröße von Frauen im Erreichen eines biblischen Durchschnittsalters von über 90 Jahren nieder, große Männer sind hier allerdings den kleinen gegenüber nicht im Vorteil.[4]

2 F. Spanhel: Der Einfluss der Körpergröße auf Lohnhöhe und Berufswahl: aktueller Forschungsstand und neue Ergebnisse auf Basis des Mikrozensus, in: Wirtschaft und Statistik 2 (2010), S. 170–178; F. Bittmann: The relationship between height and leadership: Evidence from across Europe, in: Economics & Human Biology 36 (2020), 100829.

3 S. E. Wilson: Does adult height predict later mortality? Comparative evidence from the early indicators samples in the United States, in: Economics & Human Biology 34 (2019), S. 274–285; R. M. Henderson: The bigger the healthier: Are the limits of BMI risk changing over time?, in: Economics & Human Biology 3,3 (2005), S. 339–366.

4 L. Brandts/P. A. van den Brandt: Body size, non-occupational physical activity and the chance of reaching longevity in men and women: findings from the Netherlands Cohort Study, in: Journal of Epidemiology and Community Health, 73,3 (2019), S. 239–249.

Abb. 2
Männliche Größe ist veränderlich: Durchschnittsgröße in vier Ländern im Vergleich für die Geburtsjahrgänge 1810–1980.

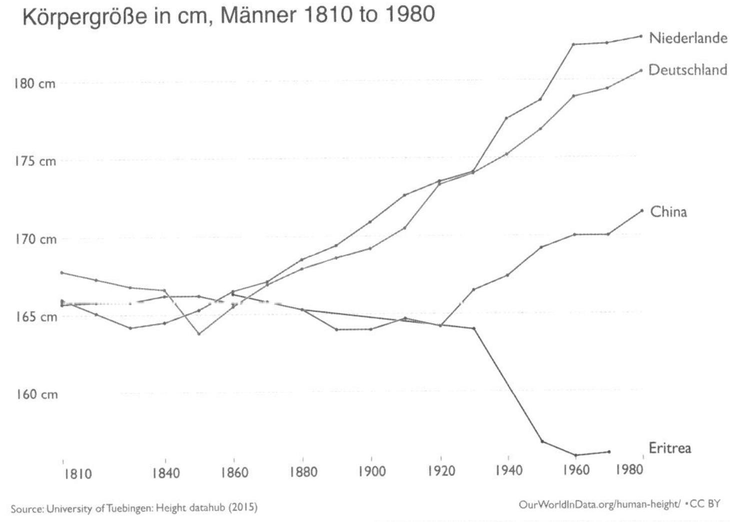

5 G. Stulp/L. Barrett, Evolutionary perspectives on human height variation, in: Biological Reviews 91 (2016), S. 206–234, hier S. 206.

Männliche Größe ist – das ist wissenschaftlich erwiesen – auch ein Faktor der weiblichen Partnerwahl. Dabei ist es aber offenbar keineswegs so, dass Frauen sich einen möglichst großen (das heißt statistisch mit einem besseren Gehalt ausgestatteten) Mann wünschen. Experimente haben vielmehr gezeigt, dass Frauen solche Männer präferieren, die größer sind als sie selber. Besonders große Männer hingegen stoßen auf geringeres Interesse bei Frauen – vielleicht wissen sie um die Korrelationen von Körpergröße und Lebenserwartung? Das könnte erklären, warum Männer von durchschnittlicher Größe (zumindest in den USA) den größten reproduktiven Erfolg erzielen.[5] Aber liefert es auch eine Erklärung dafür, dass ledige Männer unter 65 Jahren im Schnitt zwei Zentimeter größer sind als verheiratete? Und wie erklärt sich die Tatsache, dass die genannten Größenunterschiede nach dem Eintritt ins Rentenalter verschwinden und dass Witwer drei Zentimeter kleiner als verheiratete Männer sind, deren Partnerinnen noch leben?

Gefühlte Größe: Zur Wahrnehmung des großen Mannes

Die Größe eines Menschen wirkt sich nicht nur auf Faktoren wie Einkommen und Langlebigkeit aus, sondern auch auf Formen des sozialen Miteinanders. Nehmen wir etwas scheinbar Triviales wie den Abstand, den zwei Menschen zueinander halten, die sich zufällig treffen, weil einer den anderen nach dem Weg fragen will. Hier laufen unbewusste selbstregulative Prozesse ab:

Männer halten weitaus größeren Abstand zu einem anderen Mann als zu einer Frau und auch als Frauen untereinander.[6] In unserer Studie zu diesem Problem wurde darauf geachtet, dass alle Probanden einander stets so zugeordnet wurden, dass jedes Paar gleich groß war. Dies war nötig, weil bereits aus früheren Experimenten bekannt war, dass Unterschiede in der Körpergröße zu einer Vergrößerung des Wohlfühlabstandes führen. Farid Pazhoohi und seine Kollegen haben diesen Effekt genauer erforscht und fanden heraus, dass eine Größendifferenz von 10 Prozent zu mehr als 10 Prozent Vergrößerung des Abstandes führte, den zwei Menschen zueinander einnahmen. Hier handelte es sich um normalgroße Männer zwischen 1,64 m und 1,91 m; die Breite ihrer Schultern hatte übrigens keinen Einfluss.[7] Wenn wir nun von einer männlichen Referenzperson von 1,7 m Größe ausgehen, die einem Mann von 2,0 m gegenübersteht, dann können wir von einer Vergrößerung des Abstandes von etwa 20 Prozent ausgehen. Der durchschnittliche Wohlfühlabstand beläuft sich bei deutschen Probanden auf ziemlich genau 1 m, während die kleinere Referenzperson von dem Zwei-Meter-Mann etwa 1,20 m Abstand halten wird. Bei einer Reichweite des Arms von, sagen wir, 80 cm kann dies entscheidend sein – etwa um der Faust oder Hand des anderen zu entgehen.

Die Größe hat auch einen signifikanten Einfluss darauf, wie wir das Gewicht unseres Gegenübers einschätzen. Im Rahmen einer Studie über die Wirkung von Film- und Fotoaufnahmen haben wir uns gefragt, welchen Einfluss die Kamerahöhe auf die spontane Beurteilung einer uns gegenüberstehenden Person hat. Wirkt sie attraktiver, größer oder schwerer, wenn wir den Kamerawinkel verändern? Hier muss erwähnt werden, dass der Mensch erstaunlich gut ausgeprägte Fähigkeiten besitzt, aus einem Gesicht nicht nur momentane emotionale Befindlichkeiten oder das Alter einer Person herauszulesen, sondern dass er auch recht präzise Schätzungen von deren Gesundheit, Körpergröße, Gewicht, ja sogar Intelligenz vornehmen kann – von subjektiven Merkmalen wie Attraktivität oder Sympathie ganz zu schweigen. Inzwischen sind *Deep-Learning*-Algorithmen sogar in der Lage, bessere Resultate beim Erkennen von Persönlichkeitseigenschaften aus Bildern zu liefern als menschliche Beobachter;[8]

6 H. Hecht/R. Welsch/J. Viehoff/M. Longo: The shape of personal space, in: Acta Psychologica 193 (2019), S. 113–122.

7 F. Pazhoohi/C. Silva/J. Lamas/S. Mouta/J. Santos/J. Arantes: The effect of height and shoulder-to-hip ratio on interpersonal space in virtual environment, in: Psychological Research, 83,6 (2019), S. 1184–1193.

8 M. A. Moreno-Armendáriz/C. A. D. Martínez/H. Calvo/M. Moreno-Sotelo, Estimation of personality traits from portrait pictures using the five-factor model, in: IEEE Access 8 (2020), S. 201649–201665.

Abb. 3
Ob man im Winkel von 30 Grad hinab- oder um 30 Grad hinaufschaut, macht einen Unterschied bei der subjektiven Beurteilung des Körpergewichts des Gegenübers.

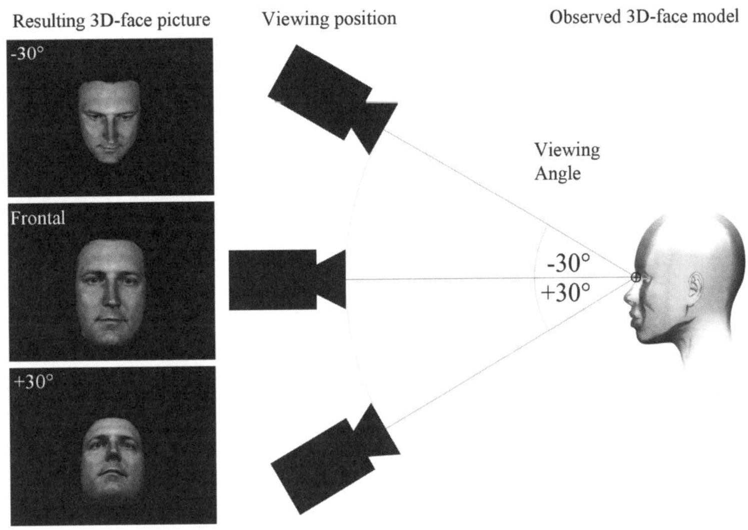

9 H. Hecht/R. Welsch/J. Viehoff/M. Longo: The shape of personal space.

dies ist ein weiterer Beleg dafür, dass Bilder von Gesichtern verwertbare Informationen über Menschen beinhalten. Der evolutionäre Vorteil solcher Fähigkeiten liegt angesichts der enormen Bedeutung von sozialen Beziehungen für das menschliche Wohlergehen auf der Hand.

Wir haben für unsere Untersuchung zunächst digital dreidimensionale Köpfe geschaffen – 48 an der Zahl – und durch ein virtuelles Projektionsverfahren davon zweidimensionale Bilder erzeugt. Es wurden pro Kopf drei Bilder erzeugt: eines, in dem die virtuelle Kamera auf Augenhöhe des Kopfes angebracht war, und je eines, in dem sie um 30 Grad höher oder niedriger stand *(Abb. 3)*.[9] Die Aufnahmen gaben in etwa den Blick wieder, die ein großer Mann auf das Antlitz eines kleinen Mannes haben würde, wenn die beiden recht nahe beieinander stünden. Diese Bilder legten wir dann dreißig weiblichen und männlichen Versuchspersonen vor, die jeweils das Gewicht der zu dem Kopf gehörenden Person schätzen sollten. Die 144 Bilder (48 Köpfe aus je 3 Kamerapositionen) wurden für jede Versuchsperson in einer anderen Zufallsreihenfolge dargeboten, um sicherzustellen, dass es keine systematischen Störeffekte gab.

Männliche und weibliche Versuchspersonen unterschieden sich hier nicht in ihrem Urteil; aus gegebenem Anlass soll es hier aber ausschließlich um die männliche Wahrnehmung männlicher Größe gehen. In dem beschriebenen Experiment zeigte sich folgende frappierende Asymmetrie in der Wahrnehmung: Wenn sich zwei drahtige junge Männer mit einem Body-Mass-Index (BMI) von 18,2 gegenüberstehen, dann schätzt der kleinere Mann den größeren als deutlich gewichtiger ein. Er schreibt ihm einen BMI von 22,3 zu. Der größere Mann hingegen nimmt den kleineren als stark untergewichtig, ja als fast magersüchtig wahr. Würde man also zwei Männer mit einem BMI von 27,4 gegenüberstellen, was dem Durchschnitt deutscher Männer entspräche, dann ließe sich vorhersagen, dass der kleinere Mann dem größeren in diesem Fall als normalgewichtig erscheinen würde, während umgekehrt der größere Mann dem kleineren als ein übergewichtiger Koloss vorkäme.

Welche Erklärungen hält die experimentelle Psychologie für solche Wahrnehmungen bereit? Eine plausible Annahme über die Wirkmechanismen des Faktors Körpergröße findet sich in der Projektionsgeometrie. Es ist zu vermuten, dass die Grundlage der beobachteten Gewichtsschätzungen in der Wahrnehmung des Verhältnisses von Kinnbreite zu Stirnhöhe zu finden ist, welches wiederum relativ zur Gesichtsbreite bewertet wird.[10] So wirkt beim Blick von unten das Kinn sehr groß, die Stirn aber sehr schmal, was – aus der Normalperspektive – recht typisch für wohlgenährte Menschen ist. Der umgekehrte Fall – breite Stirn und schmales Kinn – verweist in der Normalsicht auf Untergewicht hin. Mit anderen Worten: Es gelingt dem Beobachter nicht, der Tatsache Rechnung zu tragen, dass das veränderte Verhältnis von Kinn- und Stirnbreite lediglich der Kameraposition bzw. der Augenhöhe in realen Situationen geschuldet ist und eben nicht den tatsächlichen Proportionen des Stimulus. Wir haben es also mit einem Wahrnehmungsmechanismus zu tun, der sehr effizient Personenmerkmale aus den Gesichtsproportionen erkennt – aber eben nur dann, wenn man sich auf Augenhöhe begegnet.

In unserem Experiment haben wir nur subjektive Gewichtsurteile untersucht, aber wir müssen mit ähnlich verzerrter Beurteilung anderer Hinweisreize rechnen. Wer weiß, ob kleinere

10 V. Coetzee/D. I. Perrett/I. D. Stephen: Facial adiposity: A cue to health?, in: Perception 38 (2009), 1700–1711.

Männer größere aus den genannten Gründen nicht auch als engstirnig beurteilen? Warum unsere Fähigkeiten, Eigenschaften von Menschen von uns abweichender Größe akkurat wahrzunehmen, begrenzt sind, ist noch nicht erforscht. Doch schon auf dem jetzigen Stand des Wissens ist offensichtlich, dass männliche Größe relevante Wahrnehmungseffekte auslöst. Dieses Ergebnis legt es nahe, nach den Ursachen für die Wirkung männlicher Größe in Geschichte und Gesellschaft in Wahrnehmungseffekten zu suchen.

Bildnachweis:
Abb. 1: Aus: The Lancet, Bd. 396, H. 10261 (2020), S. 1511–1524. – Abb. 2: Universität Tübingen. – Abb. 3: Aus: Perception 41 (2012) 121–124 (Figure 1).

MAXIMILIAN BENZ

Geistesgröße

Der große Mann ist nicht immer groß oder soll nicht in jedem Fall groß dargestellt werden. Ein entsprechendes Gravamen wird in Kim de l'Horizons *Blutbuch* mit Blick auf Michelangelos monumentale, über fünf Meter hohe Davidstatue intoniert: «Viel zu smooth, zu gross, zu männlich und viel zu weiss waren diese Davids immer. Und völlig die Verhältnisse verdrehend: War David im Kampf gegen Goliath nicht der Kleine, Jugendliche⸮ Wieso ist er zu einem Riesen geworden in dieser Darstellung⸮»[1] Michelangelos Monumentalstatue nimmt die biblischen Vorgaben in der Tat nicht beim Wort: Goliath ist ein großer Mann, «sechs Ellen und eine Spanne» (1 Sam 17,4), also gut drei Meter groß, und schwer gerüstet. Allerdings war der verglichen damit kleine «David mit der Schleuder und mit dem Stein stärker als der Philister» (1 Sam 17,50) und legt so Zeugnis ab, dass Kraft und tatsächliche Größe nicht mit der Körpergröße korrelieren. Dem Erzähler des *Blutbuchs* müsste Donatellos David um einiges sympathischer sein als der Michelangelos.

Das Konzept der «Geistesgröße» stammt aus dem Reservoir der notorischen Geistdeterminativkomposita des Deutschen (Geistesaristokrat, Geistesblüte, Geistesgewicht, Geistesriese, …), wobei in unserem Fall sowohl das Determinans «Geist» als auch das Determinatum «Größe» und erst recht ihre Zusammenfügung Gegenstand von Aushandlungsprozessen sind, die sich besonders am Ende jenes Jahrhunderts beobachten lassen, das dieses Kompositum hervorgebracht hat: des 18. Jahrhunderts. Preußen mag seinen Teil dazu beigetragen haben. Dann wäre es kein Zufall, dass ein sehr früher Beleg von «Geistesgröße» in Thomas Abbts vielbeachtetem Werk *Vom Verdienste* (1765) zu finden ist – laut *Deutschem Wörterbuch* von Jacob und Wilhelm Grimm der Erstbeleg: «vorher nur grösze des geistes», was aber dasselbe meine. Die Verschiebung von der Größe des Geistes zur Geistesgröße markiert allerdings einen Umschlagpunkt.

Die Tradition seit der paganen Antike kennt ein verwandtes Konzept mit der μεγαλοψυχία und der *magnanimitas* – der «Seelengröße», die im Lateinischen nicht mehr eine «Hochfahrenheit» einschließende Ambivalenz auszeichnet wie in der griechischen μεγαλοψυχία.[2] Das Konzept erscheint in der höfischen Gesellschaft des Hochmittelalters in deutlich transformierter Weise

1 Kim de l'Horizon: Blutbuch, Köln 2022, S. 154.

2 Vgl. Rudolf Rieks/Alfons Weische/Richard Bau/Sebastian Neumeister: Hochherzigkeit, in: Joachim Ritter/Karlfried Gründer/Gottfried Gabriel (Hg.): Historisches Wörterbuch der Philosophie, Bd. 3, Basel 1974, Sp. 1147–1150.

und wird nun *largueza* (altprovenzalisch), *largece* (altfranzösisch) oder *hôher muot* (mittelhochdeutsch) genannt; es steht auch in der Frühen Neuzeit in der französischen Wortneubildung *générosité* im Zentrum eines nach wie vor ständisch grundierten Tugendkonzepts. Die deutsche «Geistesgröße» scheint hingegen ständeübergreifend auf ein stärker klassifikatorisches Interesse zu zielen, meint dabei ausschließlich Männer – Wer ist ein großer Mann und wer nicht? – und operiert bevorzugt mit der Gegenüberstellung von vermeintlicher Größe und wahrer Kleinheit.

Ein Blick in eine Zeitschrift des ausgehenden 18. Jahrhunderts zeigt deutlich diese Aspekte. So wird in der *Deutschen Monatsschrift* von November 1798 in einem anonymen Artikel über «Geistesgröße» eingangs festgestellt, dass zwar «jedes Zeitalter» bewunderte Männer «aufzuweisen» habe; «allein man kann ein großer und weit berühmter Mann und dennoch ein sehr kleiner Mensch, man kann unbekannt und eben so unberühmt der Bewohner einer armseligen Fischerhütte seyn, und dennoch mehr wahre Geistesgröße in sich besitzen, als alle Alexander und Cäsars nicht aufzuweisen haben.»[3] Der «sehr kleine Mensch» ist hier ganz moralisch begriffen, wie es dem Text insgesamt um wahre Geistesgröße in Abgrenzung von falscher (öffentlicher) Ehrerbietung geht. In der Verabschiedung der Bedeutung gesellschaftlichen Ansehens zeigt sich die große Distanz dieser Vorstellung zu der, die in der Vormoderne vorherrschte, auch wenn der Text schließlich «Preußens König» Friedrich Wilhelm III. attestiert, auf dem Weg zu sein, «nicht nur ein immer größerer Fürst, sondern auch ein immer größerer Mensch zu werden».[4] Hier wird anderes demontiert: Nicht umsonst werden die «Xenien-Dichter» erwähnt, um auf falsche öffentliche Ehrzuschreibung hinzuweisen.

In einem Beitrag Salomon Maimons über den «großen Mann» – «Es gibt keinen höhern und ehrenvollern Titel für einen Menschen, als den Titel eines großen Mannes» – wird in der *Neuen Berlinischen Monatsschrift* vom Oktober 1799 darüber hinaus durchaus auch mit mathematischen Vorstellungen operiert. Salomon Maimon geht induktiv vor: «Ich werde in dieser Untersuchung den Begrif (sic) von der menschlichen Größe nicht willkürlich annehmen, sondern dem Sprachgebrauch gemäß, durch

3 Geistesgröße, in: Deutsche Monatsschrift, October 1798, S. 205–229, hier S. 206.

4 Geistesgröße, S. 228 (die Worte «Fürst» und «Mensch» sind im Original hervorgehoben).

Induktion aus allen Fällen worin ein Mensch groß genannt wird, und durch Ausschließung der Fälle wo er es zu sein scheint aber nicht ist, zu bestimmen suchen.» Eine unnötige *captatio benevolentiae* versagt sich der Verfasser angesichts des Gegenstands: «Wenn diese Untersuchung für die Menschen wie sie gemeinlich sind, sehr demüthigend ausfällt, so ist das deren eigene Schuld.»[5]

Die mathematische Größe lasse zwar zahlenmäßige Vergleichbarkeit zu, könne aber «kein Gefühl ästhetischer Größe hervorbringen»: «Das mathematische Urtheil beruht auf einer ganz deutlichen Erkenntnis des Objekts, und läßt sich nach Zahl und Maaß genau angeben. Das ästhetische Urtheil bezieht sich auf das Gefühl von Lust und Unlust, wodurch im Objekte selbst nichts bestimmt, sondern nur angegeben wird wie die Vorstellung desselben das Subjekt affizirt.»[6] Der Verfasser, der andernorts spottet, wolle man Mendelssohn mit Kant widerlegen, «wäre dies so, als würde sich ein Newtonianer noch allen Ernstes mit geozentrischen Theorien auseinandersetzen»,[7] ist in den Debatten seiner Zeit bestens informiert. Dabei geht es ihm um die Relationierung mathematischer und ästhetischer Größe, die nicht gegeneinander ausgespielt werden. Veranschaulicht wird die Überlegung mit Blick auf den Montblanc, der als höchster Berg in Europa mit anderen, gewöhnlichen Bergen nicht verglichen werden kann, aber von den Bergen in Amerika übertroffen wird. «Beide sind Gegenstände ästhetischer Größe, und lassen sich nicht mit den gewöhnlichen Bergen, wohl aber unter einander, in Ansehung ihrer Größe vergleichen.» Mit dieser Differenzierung kommt Salomon Maimon schließlich zu einer Definition des «großen Mannes»: «Mit dem Ausdrucke: ein großer Mann, wollen wir nicht bloß einen Mann von vorzüglicher (ungewöhnlicher) mathematischer Größe, weder seines Körpers noch seiner körperlichen oder geistigen Kräfte, andeuten; sondern einen solchen, der wegen seiner mit Anderen unvergleichbaren mathematischen Größe, in uns das Gefühl ästhetischer Größe hervorzubringen im Stande ist.»[8] Sosehr damit auf Unvergleichlichkeit abgehoben wird, ist dieser wahrhafte «große Mann» schließlich doch ein «Muster zu Nachahmung». Über die Selbsttechnik der Nachahmung kann die zuvor postulierte Unvergleichlichkeit balanciert werden.

5 Salomon Maimon: Der große Mann, in: Neue Berlinische Monatsschrift, October 1799, S. 244–283, hier S. 249.

6 Maimon: Der große Mann, S. 250 f. (m. Anm.).

7 Steffen Martus: Aufklärung. Das deutsche 18. Jahrhundert – ein Epochenbild, Reinbek 2018, S. 863.

8 Maimon: Der große Mann, S. 252.

Hinter solch komplexe Entwürfe konnte man auch wieder zurückfallen. Anton Berr hat in seinem 1935 erschienenen Buch *Größenordnungen des Lebens* auch ein Kapitel über das Verhältnis von «Körpergröße und Geistesgröße» verfasst, das sich unter anderem mit der bei Sauriern festzustellenden Disproportion von Hirn- und Körpergröße befasst. Berr mutmaßt, dass bei den Sauriern deshalb auch das Rückenmark «Gehirnfunktionen mit übernahm». Bei allen Überlegungen bleibt es aber bei einem ernüchternden Fazit, wenn über die Saurier gehöhnt wird: «Freilich, soviel man auch herumdeuten mag, ein Geisteskind wird so ein Saurus, ob nun groß oder klein, nie gewesen sein.»[9] Der «vorsintflutliche» Elephant kommt besser weg. Nicht nur angesichts der abscheulichen Konsequenzen, die solche Überlegungen in den Rassetheorien und ihren praktischen Folgen zeitigten, stoßen derlei Überlegungen heute ab.

Gegenwärtig scheint das Kompositum «Geistesgröße» überwiegend ironisch gebraucht zu werden; beispielsweise im Kurznachrichtendienst «X» (ehedem «Twitter») findet es – anders als im ausgehenden 18. Jahrhundert – auch vielfach Anwendung auf Frauen (und besonders häufig auf Politikerinnen), allerdings zumeist in denunziatorischer Rede.[10]

9 A[nton] Berr: Größenordnungen des Lebens. Studien über das absolute Maß im biologischen Geschehen, München/Berlin 1935, S. 25.

10 Vgl. etwa die Frage: «Wer hievte diese dumpfe Geistesgröße in ein hohes, politisches Amt des Staates?»

Ulinka Rublack

Männer, Absatz

Zum Mittelmaß der Renaissance

Größe zu messen heißt, politisch zu ordnen. Deshalb inszenieren Renaissancehöfe Relationen auch durch kleinwüchsige Unterhalter oder mit Riesen. Ihr Ideal ist jedoch keineswegs die natürliche hohe Gestalt im Allgemeinen oder der große Mann im Besonderen. Das vorherrschende Schönheitsideal aus der Antike ist durch Proportionalität geprägt. Dies bedeutet, dass die Wahrnehmung auf eine stimmige Symmetrie aller Körperglieder zueinander ausbalanciert ist. Ihre Harmonie, nicht Höhe als solches, ist hehr.[1]

Das menschliche Maß wird deshalb relational als proportionales Mittelmaß dargestellt. Gruppenporträts tendieren in jener Zeit oft zu Einheitsgrößen, und auch ein Größenunterschied zwischen den Geschlechtern wird nicht unbedingt vorausgesetzt oder besonders betont. Dürer zeichnet Adam und Eva deshalb zunächst gleich groß, im gemalten Bild jedoch wird Eva etwas kleiner. Auch bei Cranach ist Eva manchmal gleich groß und manchmal etwas kleiner. Das Titelbild des berühmten anatomischen Traktats von Vesalius ist eines der vielen Gruppenbilder, in denen alle Personen im Bildvordergrund weitestgehend gleich groß dargestellt sind.

Dagegen skaliert Pomponius Gauricus (ca. 1504) in einem Kunsttraktat mit ethnisch aufgeladenen Stereotypen. Gauricus bevorzugt das Mittelmaß zwischen den langen, blonden Männern des Nordens und kleinwüchsigen Arabern und Sizilianern. Erstere neigen zu unkontrollierten Affekten und Wutausbrüchen, Letztere zur Unehrlichkeit und sind schwachen Geistes. Allein die Griechen und Italiener sind wunderbar mittelgroß, erfindungsreich, angenehm im Umgang und dezent.[2]

Ihrer Maße waren sich Menschen dieser Zeit durchaus bewusst. Kleidung war selten vorgefertigt. Schneider und Näherinnen nahmen idealerweise die Körpermaße ab, kalkulierten für die Säume Spielraum für Wachstumsschübe bei Jugendlichen oder für hochschwangere Frauen ein. Sonst wurde protestiert und geändert. «Die Strümpfe sind so eng», beschwert sich etwa der Altdorfer Student Friderich Beheim bei seiner Mutter, «dass ich sie gar nicht anziehen kann. Und die Reithose ist auch zu eng. Die Jacke ist eine absolute Fehlleistung. Würdest Du sie für mich auslassen und verlängern lassen? Mir ist es lieber, sie ist zu locker

1 Emanuele Lugli: The Making of Measure and the Promise of Sameness, Chicago 2019, S. 14.

2 Mary Rogers: Beauty and Concepts of the Ideal, in: Linda Kalof/William Bynum (Hg.): A Cultural History of the Human Body in the Renaissance, London 2010, S. 125–148, hier S. 126.

als zu eng. Die Lederreithose, die ich Dir schicke, ist viel zu kurz und der Sitz zu eng, um sie jemals zu verbessern. (...) Ich brauche eine Fustianjacke, denn jetzt habe ich überhaupt keine solche Jacke. Die, die ich habe, sind mir zu klein.» Die Studenten der Renaissance sind junge modische Teens, ihre Litaneien endlos. «Außerdem», schreibt der Student Behaim ein anderes Mal, «war es fast Ostern, als das letzte Mal jemand etwas getan hat, um meine Kleidung ein wenig zu verbessern. Meine ausgeleierten Reithosen werden jeden Tag kleiner. Wenn ich gehe oder mich bücke, reißt sie auf jeder Seite. Wenn Ihr sie nicht herauslasst, behaupte ich, dass sie völlig unbrauchbar werden wird.»[3]

Auf das abgeschlossene Wachstum folgte die lange Phase der stetigen Körpergröße, gefolgt von leichter Schrumpfung im Alter. Hermann Weinsberg (1518–1597), der Kölner Ratsherr, protokolliert dreimal seine Körpermaße, im Alter von 33, 56 und 60 Jahren. Er schätzt die Maße anhand der Kölner Elle (57/52 cm) oder in Fingerbreite und, als wäre er beim Schneider, Schuh-, Hut- oder Kragenmacher, alle für die Kleidung relevanten Glieder: etwa Fuß- und Halsgröße, Kopfumfang, den Durchmesser der Schenkel, die Länge der Waden. Dazu kommt eine ausgeprägte Sensibilität für physiognomische Lehren. Bei Weinsberg stimmt alles: weder die Nase noch der Mund sind zu groß, weit oder hoch. Mit 33 und 56 Jahren misst er umgerechnet 1,73 cm, im Alter von 60 Jahren dann drei Zentimeter weniger.

Entscheidend ist auch hier die relationale Wahrnehmung der Glieder für Weinsbergs zufriedene Feststellung, er sei durchschnittlicher Größe. Nicht zu klein oder zu groß, nicht zu dünn oder zu dick: «mittelmeisßiger lengden und dickten, nit zu kurtz noch lanck, zu smal oder dick gewesen umb diß seszigst». Sogar bei den Ohren stimmt alles: «die ohren sin wol proportioneirt nit groiß». Weinsberg ist ein Mann, der sich an antike Philosophien des Maßhaltens und guten Maßes für die Beförderung des Gemeinwohls hält. Herauszuragen empfiehlt sich nicht.[4] Zwar gibt es Ausnahmen. Soldaten wird seit der Antike Körpergröße zugestanden, um Feinde noch vor dem Gefecht besser einzuschüchtern. Andererseits besagt ein fränkisches Sprichwort: «kleiner leut halben ist nie kein schlacht verlorn worden».[5] Die römische Kirche hält kleingewachsene und behinderte Priesteranwärter

3 Vgl. Ulinka Rublack: Die Geburt der Mode: Eine Kulturgeschichte der Renaissance, Stuttgart 2022, S. 324.

4 https://www.weinsberg.uni-bonn.de/Edition/Liber_Senectutis/Liber_Senectutis.htm; vgl. auch Robert Jütte: Aging and Body Image in the Sixteenth Century: Hermann Weinsberg's (1518–97) Perception of the Aging Body, in: European History Quarterly, 18(3), S. 259–290, hier S. 262 f.

5 Grimmsches Wörterbuch, Bd.11, Sp.1087.

für ungeeignet, da eine Insuffizienz des Körpers auf mangelnde Seelenkraft verweist, erlaubt aber Suppliken.[6]

Dieses «period eye» (Baxandall), das so wenig auf herausragende Größe zielt, politisiert im Umkehrschluss automatisch die Frage, wer sich groß machen will. Da der Wahrnehmung in der Renaissance noch keine positive Wertschätzung des Übergroßen eingespeist ist, bekommen die Requisiten und Rituale eine besondere Bedeutung, die die Unterschiede im Rang erst herstellen. Größe wird im 16. Jahrhundert über die Wahrnehmung von Sockeln und knienden Huldigungen, Thron und Fußfall politisch markiert. Dies kann als angemessener Ausdruck von Ranghöhe dargestellt, aber auch kritisiert werden. Reformationssatiren stellen den Kniefall eines Königs vor dem thronenden Papst dar. Die hohe und schwere Dreifachkrone des Papstes wird zum Emblem der Anmaßung im Anspruch auf weltliche Macht.

Auch Kopfbedeckungen oder Schuhabsätze stellen als Kleidungsrequisiten Größe her. Deshalb greift Michel de Montaigne (1533–1592) in seinem Essay *Über die zwischen uns herrschende Ungleichheit* auf Senecas Witz über Absätze zurück: «Man muß den Menschen nach seinem Eigenwert beurteilen, nicht nach seiner Aufmachung. Höchst amüsant hat das ein antiker Autor ausgedrückt: ‹Wißt ihr, warum ihr ihn für groß haltet? Weil ihr die Höhe seiner Absätze mitrechnet!›» Für Montaigne zählen gesunde Glieder – mit Tibullus gesprochen: «Magen, Lungen, Füße gut? Du hast gut lachen! Keines Königs Reichtum kann dich reicher machen.» Ein gesunder und munterer Körper genügt, um Anforderungen des Lebens zu meistern, aber vor allem zeichnet der Charakter die Menschen aus. Der Moralist Montaigne sieht durch den Spiegel antiker Autoren die Vorstellung von Größe zutiefst mit Einbildung verbunden. «Der Sockel gehört nicht zur Statue. Meßt den Menschen ohne seine Stelzen. Lege er seine Reichtümer und Ehrentitel ab, stelle er sich im Hemd vor!»[7]

Dieses «period eye» hilft zu erklären, warum sich Schuhabsätze für Männer im westlichen Europa erst zum Ende der Renaissance durchsetzen. In der persischen, osmanischen und osteuropäischen Welt waren dagegen solche Absätze schon lange gebräuchlich. In westeuropäischen Kunstkammern des späten 16. Jahrhunderts wurden inzwischen schon verschiedenste

6 Vgl. Thérèse Peeters: Trust in the Catholic Reformation: Genoa 1594–1664, Leiden 2022, S. 118 f.; Lugli: Making of Measure, S. 195.

7 Michel de Montaigne: Essais, Berlin 2016, S. 133, 135.

Abb. 1
Die Geburt des Männerabsatzes aus dem Steigbügel – persischer Reitschuh aus dem Mittelalter.

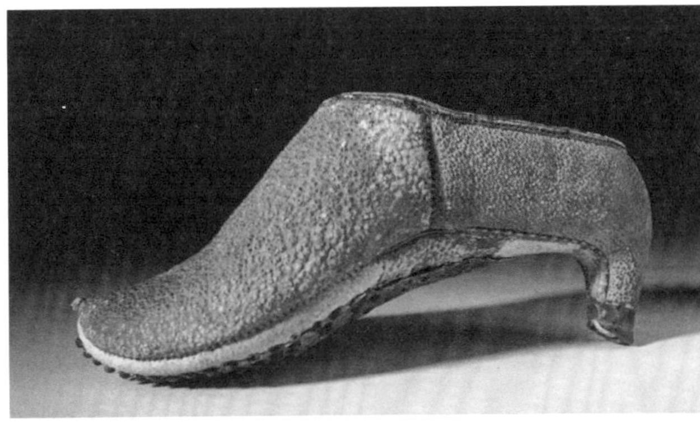

Abb. 2
Der neueste aristokratische Schrei – Herrenschuh mit Absatz, Schleife und Stickereien. Auch der Sonnenkönig liebte seine Stöckelschuhe mit rot lackierten Absätzen.

Abb. 3
Glitzercomeback der «Men in Heels». Elton Johns «Platform» mit 5 Zoll hohen Absätzen, siebziger Jahre.

Schuhe gesammelt und bestaunt. So listet das erste Inventar des Münchner Kuriositätenkabinetts aus dem Jahre 1598 in einem Ausstellungsraum unter anderem den Schuh des Riesen Anton Francopan auf, ein «großer, klobiger Männerschuh, getragen vom Hofriesen», oder «zwei Männersandalen, von weißem Leder, in mehreren Schichten gearbeitet, welche man mit weißen und schwarzen Riemen über dem Fuß zubindet» sowie ein Paar «Moscowitterische» Schuhe mit «Sohlen und Überschuhen, die aus hölzernem Schnürwerk oder Wurzeln gefertigt sind», Holzschuhe und Stelzschuhe.[8]

Zunächst sind die Absätze der Männerschuhe noch klein, doch im 17. Jahrhundert wird sich dies für Männer ändern. Die deutschen Schuhmacher in Venedig bringen 1659 stolz eine Plakette an, die einen modischen Männerschuh mit einem ansehnlichen Absatz zeigt; in Frankreich werden der Sonnenkönig Ludwig XIV. und Adelige ihre Absätze rot anstreichen lassen, und schwedische Aristokraten tun es ihnen gleich. Schon Jungs werden in solche Absatzschuhe gesteckt, die mit Schleifen und Stickereien reich verziert sind. Selbst Ballette werden mit kleinen Absätzen getanzt *(Abb. 1–3)*.

Die Vorstellung, dass große Männer Geschichte machen, nimmt konkrete Formen an und verbindet körperliche und politische Größe über Absätze und Äußerlichkeiten neu. Die Renaissance lehrt uns dagegen die Möglichkeit anderer Blickweisen auf Körper, Macht, Attraktivität und Kleidung, die – abseits der *Curiosita* von Kleinwuchs und Gigantismus – unterschiedliche natürliche Körpergrößen mit wenig Bedeutung aufladen oder oft kaum bemerken.

8 Ulinka Rublack: Matter in the material Renaissance, in: Past & Present, 219 (2013), S. 41–85.

Bildnachweis:
Abb. 1–3: © Bata Shoemuseum.

Barbara Stollberg-Rilinger

Preußisches Gardemaß

Curiositäten

König Friedrich Wilhelm I. von Preußen war ein passionierter Sammler. Er unterhielt überall im Römisch-Deutschen Reich und in Europa Agenten, die extraordinäre Stücke für seine Raritätensammlung ausfindig machen, begutachten, erwerben und nach Potsdam überführen lassen mussten. Wer ihm Objekte für seine Sammlung verschaffte, konnte von ihm im kleinen Tauschverkehr alles dafür bekommen: Ämter, Würden, Titel, Privilegien, Gnadengaben und politische Zugeständnisse. Die königliche Sammelobsession war nicht nur ausgesprochen teuer, sondern auch risikoreich. Denn der Export der Objekte war in den meisten Ländern verboten und musste deshalb mit großer Vorsicht betrieben werden. Konflikte mit den rechtmäßigen Eigentümern, die sich von den Objekten nicht freiwillig trennen wollten, waren gang und gäbe und führten zu gewaltsamen Ausschreitungen. Doch auch das Risiko für den Sammler, betrogen zu werden, war hoch: Die Mittelsmänner konnten verschwinden und Vorschüsse veruntreuen, die ins Auge gefassten Objekte konnten sich als minderwertig erweisen. Hinzu kam, dass sich viele der begehrten Raritäten dagegen wehrten, in die königliche Sammlung aufgenommen zu werden, zu fliehen versuchten und deshalb Tag und Nacht kaserniert und bewacht werden mussten.

Denn der König sammelte keine exotischen Naturalien und kein feines chinesisches Porzellan, sondern wohlgewachsene, gesunde und vor allem große junge Männer, «schön von Gesicht» und mindestens sechs Fuß und einen Zoll lang, zu messen ohne Schuhe mit Hilfe eines geeichten königlichen Maßbandes.[1] Die Schmuckstücke seiner Kollektion erfreuten sich zahlreicher symbolischer und materieller Privilegien. Auch auf das königliche Maß geeichte Muslime, ja sogar Katholiken bereicherten die Sammlung und durften ihre Religion ungestört ausüben. Von Weibspersonen wurden sie allerdings nach Möglichkeit ferngehalten. Der König beschäftigte sich unermüdlich mit seiner Sammlung großer Männer, ließ sie exerzieren und paradieren, in Öl porträtieren, manche von ihnen nach ihrem Tod sezieren und die Skelette präparieren *(Abb. 1)*.[2] Das alles war insofern nicht ungewöhnlich, als das Sammeln bekanntlich eine unter den Fürsten der Zeit beliebte und verbreitete Praxis darstellte. Je schwie-

1 Jürgen Kloosterhuis (Hg.): Legendäre «lange Kerls». Quellen zur Regimentskultur der Königsgrenadiere Friedrich Wilhelms I. 1713–1740, Berlin 2003.

2 Ernst Friedländer (Hg.): Berliner geschriebene Zeitungen aus den Jahren 1713 bis 1717 und 1735. Ein Beitrag zur Preußischen Geschichte unter König Friedrich Wilhelm I., Berlin 1902, S. 110 f., 120, 123, 201 u. ö.

riger ein Objekt zu beschaffen war, desto größer war der Sammlerehrgeiz und der Distinktionsgewinn. Was für andere Fürsten der Zeit ihre Wunderkammer oder Gemäldegalerie, war für Friedrich Wilhelm I. sein Königliches Garderegiment in Potsdam, das Infanterieregiment Nr. 6. Ein Besucher sprach beim Anblick dieser Truppe von einem «großen Cabinet [...], wo ein neugieriger König eine ganz besondre Sammlung von außerordentlich langen Leuten aus allen vier Theilen der Welt veranstaltet hat».[3] Er selbst sprach von «Raritäten», «Curiositäten», «Waren», gelegentlich auch von «Menschenfleisch» oder «weißen Mohren».[4] Mit den schwarzen Mohren hatten die großen Rekruten sowohl die exotische Anmutung als auch den Warencharakter gemein.

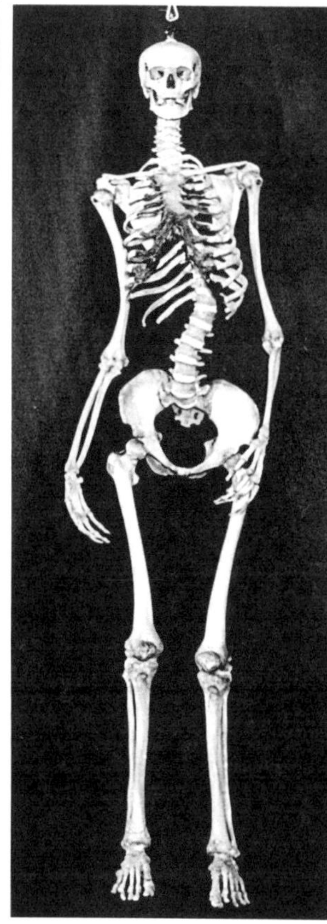

Abb. 1
Skelett eines anonymen Grenadiers, 2,12 m Länge. Brandenburgisches Institut für Rechtsmedizin, Potsdam.

Auch sonst umgab sich der König gern mit auffallend hochgewachsenen und ansehnlichen Männern, vom Kammerlakaien über den Kabinettssekretär bis zum Minister. Alle Welt wusste, dass er «auf die äußere Gestalt und Größe derjenigen, die Er vorzüglich leiden könnte, ein besonderes Augenmerck hatte».[5] Der Hallenser Arzt Johann Augustin Stöller diente sich dem König an, indem er ihm eine Abhandlung über das menschliche Längenwachstum widmete, das allererste Werk zu diesem Thema in der europäischen Medizingeschichte überhaupt. Darin gab der Arzt dem König allerdings auch vorsichtig zu bedenken, dass es selbst bei Soldaten auf den Leib allein nicht ankomme. «Wie öffters leuchtet nicht aus geringen, kleinen und schwächlichen Personen eine gantz besondere Gravität und ansehnliche Eigenschafft herfür, damit sie weit leichter ihren Feinden durch bloßes Anschauen, Furcht und Schrecken einjagen, als die grössesten Leute ohne den Ruf guter Thaten bey allem Geräusch derer Waffen nimmermehr thun können?» Nicht nur in der Schlacht, sondern erst recht vor dem ewigen Richter helfe der schönste und größte Körper nicht weiter, wenn er zu Lebzeiten die «Werckstätte einer inwohnend durchteuffelten Seele» gewesen sei![6]

Der sonst so fromme König ließ sich davon allerdings nicht beeindrucken. Bei seinen Soldaten kam es ihm nicht auf Tugenden einer reinen Seele, sondern allein auf Größe und Schönheit des Leibes an. Was für das Potsdamer Garderegiment galt, wurde zum Maßstab für alle seine Truppen. Altgediente, erfahrene Soldaten von kleinem Wuchs wurden nach und nach ausgemustert und durch solche mit Gardemaß ersetzt, so dass sich andere Feldherren wunderten, dass in Preußen die Soldaten «nicht nach der Länge vom Dienste, sondern der Statur judicirt» wurden.[7] Auf dem einzigen Feldzug, den Friedrich Wilhelm selbst führte, 1715 gegen Schweden im Großen Nordischen Krieg, verursachte diese sonderbare Vorliebe unter den preußischen Truppen Unmut und Eifersucht; viele preußische Befehlshaber nahmen nach der (durchaus erfolgreichen) Kampagne umgehend ihren Abschied. Es war offensichtlich, dass der König bestimmte Lieblinge hatte, die er vor gefährlichen Einsätzen im Gefecht schützte und frühzeitig ins Winterquartier ziehen ließ. Die Soldaten glaubten zu wissen, warum andere Bataillone bevorzugt ins Feuer geschickt wurden: «weilen […] unter diesen kleine und unansehnliche Leute seyn, so hat diese Distinction groß Mißvergnügen unter den Officiren und Murren unter den Gemeinen verursachet, welche gesagt, daß man sie nur auf die Schlachtbanck und zu allen gefährlichen Attaquen commendirete, hingegen andere zu conserviren suchete, dennoch wollten sie gehen und zeigen, daß auch in einem kleinen Kerl ein großes Hertz säße und seinem Feind wohl beßer unter die Augen gienge, wie ein großer.»[8]

Dressur

Mit Größe allein war es nicht getan. Das Menschenmaterial musste auch in vollkommen ebenmäßige Form und synchrone Bewegung gebracht werden. Dazu galt es, die belebten und unbelebten Elemente, aus denen sich der Kollektivkörper der Truppe zusammensetzte, in ihrer äußeren Erscheinung zu standardisieren: nicht nur durch Form und Farbe der Uniformierung und Bewaffnung, sondern auch durch die Dressur in Körperhaltung und Bewegung. Nur so, eins mit dem Material, kam die Größe angemessen zur Geltung. «Das erste im Exerciren muß seyn, einen Kerl zu dressiren […]: Wie er den Kopf halten solle, nemlich selbigen nicht hangen lasse, die Augen nicht niederschlage […]. Daß ein Kerl steiff auf den Füssen, und nicht mit gebogenen Knien, auch Fuß gegen Fuß, ohngefehr eine Spannelang voneinander stehe. Daß ein Kerl den Leib gerade in die Höhe halte, nicht hinterwerts überhänge, und den Bauch voraus strecke, sondern die

3 Jakob Friedrich Freiherr von Bielfeld: Freundschaftliche Briefe, Danzig/Leipzig 1765, S. 77.

4 Kloosterhuis (Hg.): Legendäre «lange Kerls», S. XXVII, 118–120, 301 f.

5 Karakterzüge aus dem Leben König Friedrich Wilhelms I., Berlin 1787–1798, I/2, S. 96 f., I/3, S. 89 ff.; I/4, S.11 ff., 29 ff.; II/8, S. 22 ff., III/11, S. 48; Günter Berger (Hg.): Memoiren einer preußischen Königstochter. Markgräfin Wilhelmine von Bayreuth, 3. Auflage, Berlin 2018, S. 56 f.

6 Johann Augustin Stöller: Historisch-Medicinische Untersuchung des Wachsthums der Menschen in die Länge […] Denen vielen auserlesenen Königl. Preuß. Trouppen zum Besten also abgefasset, Magdeburg 1729, S. 7.

7 So der Reichsfeldmarschall Seckendorff an Prinz Eugen von Savoyen 1724: Friedrich Förster (Hg.): Urkundenbuch zu der Lebensgeschichte Friedrich Wilhelms I., Bd. I, Potsdam 1834, S.12, vgl. S. 38 f., 46, 121 f., 175, 179 f., 189 f.

8 Friedländer (Hg.): Berliner geschriebene Zeitungen aus den Jahren 1713 bis 1717 und 1735, S. 434.

Brust woll vorbringe, und den Rücken einziehe.» «Bei allen Tritten [müssen] die Beine woll angehoben, und starck und zugleich zugetreten werden [...], die Knie im Umdrehen steiff gehalten, die Füsse kurtz und geschwinde zurück, oder vorgesetzet werden.»[9] Hierbei handelte es sich um nichts Geringeres als den berühmten Preußischen Exerzierschritt, den Friedrich Wilhelms Favorit Leopold von Anhalt-Dessau erfunden hatte – einer der prominentesten Exportartikel Preußens weltweit, heute etwa in Nordkorea in Vollkommenheit praktiziert und vielleicht das schönste Vermächtnis Friedrich Wilhelms, wenn es um die zeitlose Verkörperung des Deutschen geht.[10]

Die Ästhetisierung der Armeen war ein gesamteuropäisches Phänomen; der preußische König befand sich in einem militärischen Schönheitswettbewerb mit seinen Nachbarfürsten. Doch die Ausschließlichkeit, mit der er sich seiner Sammel- und Exerzierleidenschaft hingab, fand europaweit nicht ihresgleichen. Das Exerzieren überließ man üblicherweise den Unteroffizieren; für den Kriegsherrn selbst galt es als absolut unstandesgemäß. Die Urteile der Zeitgenossen über die preußische Armee waren denn auch durchaus gespalten. «Kein Volk kommt dem natürlichen Wuchs und dem edlen Ansehen der Preussen bey», fand der eine,[11] während dem anderen das Ganze «mehr wunderbar als schön» vorkam.[12] Man sprach von der Armee des Königs in Preußen teils neidisch, teils befremdet als von «Puppenwerk», «Marionettenspiel», «Uhrwerk», «Automat», «Kasperletheater» oder «Kinderspielzeug».

Gefechtsbrisanz

Seiner Sammelleidenschaft für große Soldaten wegen verstieß der König notorisch gegen selbsterlassene Gesetze, verkaufte Ämter und Privilegien und nahm Konflikte mit sämtlichen Nachbarn in Kauf – führte aber so gut wie keine Kriege. Unter militärischen Zweckmäßigkeitskriterien war seine sonderbare Vorliebe daher nicht ganz leicht zu rechtfertigen. Doch hier eilte ihm die Garde der preußisch-deutschen Historiker zu Hilfe: «Wir wissen, daß dieses Regierungssystem nicht auf persönlicher Willkür oder despotischer Laune beruhte, sondern auf einer großen politischen Notwendigkeit.»[13] Deshalb wurden und werden

9 Hans Bleckwenn (Hg.): Reglement vor die Königlich Preußische Infanterie von 1726. Faksimiledruck der Ausgabe 1726, Osnabrück 1968, S. 39–41.

10 Vgl. John Cleese in der Episode «The Germans» aus der britischen Serie «Fawlty Towers», die laut Special Collector's Issue, TV Guide, 28 June – 4 July 1997, zu den «100 Greatest Episodes of All Time» gehört.

11 Johann Michael von Loen: Gesammelte Kleine Schriften, Bd. I, Frankfurt/Leipzig 1750, S. 23.

12 Bielfeld: Freundschaftliche Briefe, S. 60, 75.

13 Otto Hintze: Die Hohenzollern und ihr Werk, Berlin 1915, S. 282.

große Worte für große Männer aufgefahren, um die militärische Rationalität dieser königlichen Obsession nachzuweisen. Von «höchster Gefechtsbrisanz» und «superlativem Gefechtswert» der überdimensionierten Grenadiere ist die Rede.[14] Noch in der jüngsten Biographie des Königs heißt es ganz auf dieser Linie: «Bei der Favorisierung der ‹großen› und ‹schönen› Rekruten handelte es sich nur bedingt um eine Marotte des preußischen Königs. Vielmehr erwuchs das Interesse an hochgewachsenen Soldaten primär aus den waffentechnischen Entwicklungen», denn für die Handhabung des langen Vorderladergewehrs sei eine «gewisse Mindestkörpergröße» schlicht physisch erforderlich gewesen.[15] Das Argument war, dass die Riesen nicht nur als psychologische Waffe auf den Feind besonders einschüchternd gewirkt, sondern dass sie vor allem besonders lange Arme gebraucht hätten, um die Gewehre mit dem Stock von vorne zu laden. Zweifellos stellte die Form der Waffen bestimmte Anforderungen an die Körperproportionen der Soldaten. Aber tatsächlich war es das Bedürfnis nach geometrischer Schönheit des Ganzen, das seinerseits allererst die Beschaffenheit der Waffen prägte. Man bevorzugte nämlich besonders lange Gewehre mit geradem Schaft, um die Größe und vertikale Symmetrie des Truppenkörpers zu betonen. Funktional war das gerade nicht. Kurzläufige Büchsen, wie man sie zur Jagd benutzte, waren wesentlich zielgenauer und zweckmäßiger.[16] Auch für die Kavallerie waren die Riesen ungeeignet, denn sie erforderten ebenso große, schwere und deshalb weniger bewegliche Pferde. Schließlich: Wenn die Größe gefechtstaktisch so vorteilhaft gewesen wäre wie behauptet, bliebe rätselhaft, wieso gerade die größten Regimenter im Feldzug nicht eingesetzt wurden. Doch um instrumentelle Rationalität ging es eben nicht. Die riesenhaften, symmetrischen, präzise choreographierten und vom König mit einem bloßen Wink dirigierbaren Kollektivkörper, das stählerne Ballett, war nicht zum Kriegführen da. Zum einen waren sie das leibhaftige Symbol monarchischer Allmacht; sie simulierten eine absolute Herrschaft, die es tatsächlich nur in der Imagination des Herrschers gab.[17] Zum anderen diente die «formidable Armee» dazu, dem König den Respekt und die Bewunderung der anderen europäischen Potentaten zu verschaffen.[18] Kurzum: Die Größe

14 Kloosterhuis (Hg.): Legendäre «lange Kerls», S. XXI, XXVI, XLVI.

15 Frank Göse: Friedrich Wilhelm I. Die vielen Gesichter des Soldatenkönigs, Darmstadt 2020, S. 231.

16 Jürgen Luh: Kriegskunst in Europa 1650–1800, Weimar/Wien 2004, S. 230.

17 Luh: Kriegskunst in Europa 1650–1800; Michael Sikora: Die Mechanisierung des Krieges, in: Rebekka von Mallinckrodt (Hg.): Bewegtes Leben. Körpertechniken in der Frühen Neuzeit, Wolfenbüttel 2008, S. 143–166; Barbara Stollberg-Rilinger: Ars militaris. Kriegskunst als ästhetische Praxis im 18. Jahrhundert, in: Matthias Bauer u. a. (Hg.): Andere Ästhetik. Grundlagen – Fragen – Perspektiven, Berlin/New York, S. 161–185.

18 Instruktion für den Nachfolger (1722), Acta Borussica. Die Behördenorganisation und die allgemeine Staatsverwaltung Preußens im 18. Jahrhundert, Bd. III, S. 441–467, hier S. 461, 463.

der preußischen Soldaten war «blos für das Auge gut», wie Zeitgenossen halb bewundernd, halb verständnislos über das ressourcenintensive Schauspiel bemerkten.[19]

Kroppzeug

Der Obsession des Königs für die großen Männer entsprach die Verächtlichmachung der Kleinen und körperlich Schwachen, des «Kroppzeugs». Die sogenannten «Lustigen Räte», die ihn und seine Tabaksrunde unterhalten und sich zu bizarren Demütigungen gebrauchen lassen mussten, waren alle von ausgesucht kleinem Wuchs; sie wurden nicht zuletzt aufgrund ihrer «poßierlichen Leibesgestalt» ausgewählt.[20] Bei den Frauen am Hof dagegen war die Körpergröße ambivalent: Einerseits sollten sie nicht zu klein sein – angeblich ließ Friedrich Wilhelm eine dänische Heirat des Prinzen Wilhelm mit der Begründung scheitern, er wolle «keine Zwergin in seiner Familie haben».[21] Andererseits durften sie auf keinen Fall größer sein als der König – seiner hochgewachsenen Tochter Sophie verbot er, hohe Absätze zu tragen.[22] Denn bekanntlich hätte der König selbst mit seinen fünf Fuß und fünf Zoll – etwa 1,65 m – bei einem Gewicht von rund 120 kg keine Aufnahme in sein eigenes Regiment gefunden. Auch sonst war sein Aussehen wenig martialisch. Zeitgenossen beschrieben seine Augen als hell und durchdringend, seine Stimme als leise und schnarrend, sein Gesicht als bartlos und weiß, die Konturen als weich und fließend. In alldem war er das Gegenbild seines Vorbilds und Günstlings Anhalt-Dessau, dessen Stimme donnernd gewesen sein soll, der Blick feurig, der Körper stählern, das Gesicht kantig und zerfurcht, der ganze Habitus rau, brutal und furchteinflößend.[23] So markant hätte Friedrich Wilhelm auch gern ausgesehen, litt aber von Jugend an darunter, dass man ihm wegen seiner zarten weißen Haut und seiner dichten goldenen Locken eine geradezu weibliche Schönheit zuschrieb.[24] Als Vierzehnjähriger hatte er bei Hof in der Rolle eines Cupido auftreten müssen. Er war sich seiner mangelnden Größe als Makel bewusst und trug Stiefel mit erhöhten Absätzen – eigentlich ein Accessoire der ansonsten von ihm verachteten französischen Hofmode.[25] So hatte es schon Xenophon in der *Kyrupädie*, seiner Schullektüre als Kronprinz, dem klugen Herrscher zur Steige-

19 Luh: Kriegskunst in Europa 1650–1800, S.196 f.

20 Karakterzüge, II/8, S. 37; Karl Friedrich Flögel: Geschichte der Hofnarren, Liegnitz/Leipzig 1789, S. 226 f.; Martin Sabrow: Herr und Hanswurst. Das tragische Schicksal des Hofgelehrten Jacob Paul von Gundling, Stuttgart 2001, S. 66 f.

21 Salomon Jakob Morgenstern: Über Friedrich Wilhelm I., 1793, ND Osnabrück 1978, S. 199.

22 Richard Wolff (Hg.): Vom Berliner Hofe zur Zeit Friedrich Wilhelms I. Berichte des Braunschweiger Gesandten in Berlin 1728–1733, Berlin 1912, S. 219f.

23 Olaf Groehler: Helmut Erfurth, Der Alte Dessauer. Fürst Leopold I. von Anhalt-Dessau, Berlin 1991; Fürst Leopold von Anhalt-Dessau (1676–1747), Katalog der Ausstellung zum 250. Todestag, Dessau 1997.

24 Heinrich Borkowski (Hg.): Aufzeichnungen von Johann Philipp von Rebeur über seine Tätigkeit als Informator Friedrich Wilhelms I., in: Hohenzollern-Jahrbuch 8 (1904), S.214–230, 9 (1905), S.155–168.

25 Karakterzüge, II/9, S. 50.

rung seines Charismas empfohlen.[26] Dass der eigene Vater, der erste preußische König Friedrich I., noch kleiner gewesen war als er selbst und zudem leicht missgebildet, mag bei Friedrich Wilhelms Fixierung auf Körpergröße eine Rolle gespielt und dazu beigetragen haben, dass er daran zweifelte, dessen Sohn zu sein.

Scheinriese

Die Beschaffenheit des Herrscherkörpers war keineswegs eine unwesentliche Nebensache; sie war vielmehr Indiz und Metapher der Eignung zur Herrschaft. Das galt in allererster Linie für das Geschlecht. Nur der männliche Körper befähigte zum Regieren im Haus wie im Staat. Weibliche Herrschaft kam zwar durchaus nicht selten vor, war aber in hohem Maße rechtfertigungsbedürftig und ein gefundenes Fressen für Herrschaftskonkurrenten. Dagegen gab es verschiedene Mittel: Entweder man erklärte die Herrscherin kurzerhand qua juristischer Fiktion zum Mann, nach der Devise «Regentinnen [...] hören auf, Frauen zu seyn, sobald sie den Thron besteigen».[27] Oder man drehte den Spieß um und kultivierte weibliche Schönheit, Fruchtbarkeit und Mütterlichkeit als Herrschaftsqualitäten besonderer Art. Den Makel der Weiberherrschaft, eines widernatürlichen «Staatsgebrechens», konnte das allerdings in den seltensten Fällen vergessen machen. Auch andere körperliche Schwächen wie Missbildung, Krankheit oder kleiner Wuchs waren potentielle Angriffspunkte, die die Legitimität eines Herrschers zweifelhaft erscheinen lassen konnten. Die herrscherliche Macht, die in ihrem Kern auf physischer Gewalt gründete, hatte sich idealiter in einem starken, gesunden und potenten männlichen Herrscherkörper zu manifestieren.

Die preußisch-deutschen Historiker des 19. und 20. Jahrhunderts (und nicht nur sie) gingen mit diesen Merkmalen allerdings sehr selektiv um. Gnadenlos verfuhren sie mit dem ersten preußischen König Friedrich I., der seit dem vernichtenden Urteil seines Enkels Friedrich II. als eitler und prunksüchtiger Schwächling galt und den deshalb auch staatsfromme Historiker reinen Gewissens herabsetzen durften. Die geringe Körpergröße und leichte Behinderung dieses «Krüppelchens»[28] diente als Metapher

26 Xenophon: Kyrupädie. Die Erziehung des Kyros, hg. v. Rainer Nickel, München 1992, S. 563.

27 Anonymus: Betrachtung über die Etiquette mit Anwendung auf die Präcedenz der Gesandten und Monarchen durch Beyspiele aus der Geschichte erläutert, o. O. o. J.

28 Werner Schmidt: Friedrich I. Kurfürst von Brandenburg, König in Preußen, München 1996, S. 30 f.

für die mangelnde machtpolitische Größe seines frisch etablierten Königtums. Der «riesige königliche Purpurmantel» sei zu groß gewesen für «seine kleine, leidende Gestalt», die Krone buchstäblich zu schwer für den noch schwachen Hohenzollernstaat. Das Treffen Friedrichs I. mit dem hünenhaften Zaren Peter I., der ihm seinen Degen aus der siegreichen Schlacht von Poltawa generös zum Geschenk machte, imaginierte man mit kaum verhohlener Verachtung: «Es war der Degen von Poltawa, den der verwachsene König trotz seiner schweren Behinderung drei Tage an seiner Seite schleppen mußte: er war so groß, daß man immer fürchtete, ihn straucheln zu sehen.»[29] Ganz anders dagegen verfuhren die Historiker mit einer Figur wie Wilhelm von Oranien, dem späteren König von England, der ein Neffe des Großen Kurfürsten von Brandenburg und der große Gegenspieler Ludwigs XIV. war. In seinem Fall weckten kleine Statur und körperliche Behinderung keine Zweifel an der Befähigung zum Helden. Gemessene und gefühlte, quantifizierte und imaginierte Größe waren offensichtlich in manchen Fällen dann doch zweierlei. Das Gleiche galt auch für Friedrich Wilhelm I. Ihm bescheinigten die späteren Preußenhistoriker ungeachtet seiner geringen Länge, seines starken Übergewichts und seiner weichen, bartlosen Züge ein «von Geburt an kriegerisches Ansehen», eine «straffe militärische Haltung, die den geborenen Herrscher erkennen ließ» und einen Körper «von dem schönsten Ebenmaaße».[30] Für sie stand außer Frage, dass der Soldatenkönig «ein Mann voll körperlicher Kraft und imponierender männlicher Schönheit» war.[31] Mit anderen Worten: Die Historiker sahen dem Herrscher an, was sie Großes in ihm sahen.

29 Carl Hinrichs: Friedrich Wilhelm I., König in Preußen, Bd.1, Hamburg 1941, S. 119, 419.

30 Friedrich Förster: Friedrich Wilhelm I. König von Preußen, Bd.1, Potsdam 1834–35, S. 72, 162; Franz Otto: Aus dem Tabakskollegium, Leipzig 1872, S. 46.

31 Gustav Schmoller: Das politische Testament Friedrich Wilhelms I. von 1722, in: Deutsche Zeitschrift für Geschichtswissenschaft, N.F. 1 (1897), S. 61.

Bildnachweis:
Abb. 1: Aus: Jürgen Kloosterhuis (Hg.): Legendäre «lange Kerls». Quellen zur Regimentskultur der Königsgrenadiere Friedrich Wilhelms I. 1713–1740, Berlin 2003, S. 614.

Hedwig Richter

Wahlen in den USA

Über Männer, Messer und Manipulationen

Groß sein, stark sein und – natürlich! – ein Mann sein: Das waren bei amerikanischen Wahlen in der Mitte des 19. Jahrhunderts entscheidende Voraussetzungen dafür, dass die eigene Stimme Gewicht hatte und gezählt wurde. Wahlen waren ein Volksspektakel, ein Fest für weiße Männer. Am Wahltag kamen die Bürger zusammen, feierten, soffen, grölten und prügelten sich, viele verkauften ihre Stimme. Oft ging es weniger um die numerische Ermittlung eines Mehrheitswillens als vielmehr darum, wer die stärkeren Jungs hatte, die besseren Manipulationsmöglichkeiten, die mieseren Finten oder die ausgefuchsteren Betrügereien. Viele Bürger brachten ihre Waffen mit: Gewehre, Pistolen, Messer, Knüppel. Die Männer sprachen vom Prügel-Recht, das sich am Wahltag selbstverständlich Geltung zu verschaffen suchte.[1] Als «manly sport of American politics» beschreibt der Historiker David Grimsted die amerikanischen Wahlen im 19. Jahrhundert.[2] Aus den 1850er Jahren ist ein Fall überliefert, in dem Wahlkämpfer eine Kanone auffuhren, die auf eine Straßenschlacht feuerte und zu mehreren Toten und über hundert Verletzten führte.[3] Auch wenn Todesfälle alles in allem die Ausnahme blieben: Die Betrügereien, das Chaos und die Gewalt bei Wahlen nahmen vielfach so überhand, dass das Wahllokal als «the least democratic site in all of American politics» bezeichnet wurde.[4] Und doch kann dieser rabulistische Teil dabei helfen, die amerikanische Demokratie von heute besser zu verstehen.

Infrastruktur der Gewalt – das Wahllokal

Als Wahllokal konnte jedes Haus dienen: Feuerwehrhaus, Rathaus, Geschäfte, die Kirche, oft auch Privathäuser und zunehmend die Kneipen. Das Wahlprozedere war rund um die Gewalt organisiert, und das Ergebnis hing wesentlich von der physischen Körperkraft des Wählenden ab. Um einen minimalen Schutz der Wahlkommission und der Wahlurnen zu gewährleisten, durften die Wähler häufig nicht ins Wahllokal, sondern mussten durch ein «voting window» oder am Türeingang ihren Stimmzettel über eine Schutz-Barrikade hinweg einem Wahlhelfer reichen, der den Zettel in die Urne steckte. Der individuelle Wähler aber war dadurch, dass er draußen bleiben musste, dem Zugriff der anderen ausgesetzt. Das galt auch für jene Staaten, in denen die

1 Noel Ignatiev: How the Irish became White, New York 1995, S. 196.

2 David Grimsted: American Mobbing 1828–1861: Toward Civil War, Oxford 1998, S. 181.

3 John Thomas Scharf, 1856, zit. nach: Maxwell Brown (Hg.): American Violence, Englewood Cliffs 1970, S. 42 f.

4 Richard Franklin Bensel: The American Ballot Box in the Mid-Nineteenth Century, Cambridge 2004, S. 292.

Wahl nicht geheim war und der Wähler per Zuruf sein Votum abgab, das dann von der Wahlkommission mit dem Namen des Wählers und seiner Wahlentscheidung notiert wurde.[5] Die Geheimhaltung der Wahl spielte ohnehin eine untergeordnete Rolle. Für das 19. Jahrhundert spricht der Wahlhistoriker Alain Garrigou ganz generell von der «vote secret en public».[6]

Es war die Zeit der sogenannten *Jacksonian Democracy,* die mit der Präsidentschaft Andrew Jacksons (1829–1834) begann und bis in die 1850er Jahre dauerte. In dieser Zeit kam es zur Politisierung breiter weißer Bevölkerungsschichten. Jackson, der den Ruf eines Draufgängers genoss und sich gerne duellierte, steht für die Vulgarisierung und Brutalisierung der amerikanischen Politik. Jackson war selbstverständlich ein Sklavenhalter und betrieb eine erbarmungslose Politik gegen die indigene Bevölkerung. Die weißen Bürger wussten das zu schätzen, und noch viele Jahre nach seinem Tod musste eine Zeitung bei den Wahlen darauf hinweisen: «DON'T VOTE FOR G. JACKSON! For he is dead».[7] Tatsächlich feierte das Volk ihn weniger als Präsidenten, sondern mehr als General und Kriegshelden und als Indianer-Schlächter. Mit seinem forschen, militanten Auftreten sorgte Jackson für eine Politisierung breiter Bevölkerungsschichten und trug damit auf ganz eigene Weise zur Demokratisierung der USA bei – die weit entfernt waren von der gezähmten liberalen Demokratie mit Minderheitenschutz und Rechtsstaatlichkeit, wie wir sie heute kennen. Die Wahlbeteiligung stieg in dieser Zeit von häufig unter 50 auf rund 80 Prozent. Die amerikanische Demokratie war am Wahltag wild, gewalttätig, volksnah, die Verfahren waren unklar und anfällig für Korruption und Fälschung.

Warum die Männer überhaupt zur Wahl gingen

Immerhin verbanden Jacksons Anhänger ihre Wahlentscheidung mit einem Politiker-Namen oder sogar mit einem politischen Programm. Das war nicht unbedingt selbstverständlich. Eine Studie über Wahlentscheidungen in Washington County in Oregon in den 1850er Jahren zeigt, wie neu zugeschnittene Wahlkreise innerhalb kurzer Zeit homogene Wahlergebnisse hervorbrachten – und sich dabei unabhängig von Milieu oder sozialer Schichtung zu einem Abstimmblock formierten.[8] Auch das ver-

5 Paul Bourke/Donald DeBats: The Structures of Political Involvement in the Nineteenth Century. A Frontier Case, in: Perspectives in American History. New Series 3 (1987), S. 207 f.

6 Zit. nach Philippe Tanchoux: L'introduction de l'individu dans le processus électoral collectif, in: Raymonde Monnier (Hg.): Citoyen et citoyenne sous la Révolution française, Paris 2006, S. 182.

7 Clarksville Jeffersonian, zit. nach: Glenn C. Altschuler/Stuart M. Blumin: Rude Republic. Americans and Their Politics in the Nineteenth Century, Princeton 2000, S. 77.

8 Bourke/DeBats: Structures of Political Involvement, insbes. S. 236–238.

deutlicht die Gewaltförmigkeit der Wahlen: Es ging weniger um Inhalte, sondern mehr um ein männliches Ritual, bei dem die (physisch) stärkere Seite wie beim Tauziehen auf dem Rummel alles gewann, die andere alles verlor, weil Gegenstimmen oder abweichende Voten in der handgreiflichen Polarisierung kaum noch möglich waren. Das Desinteresse an politischen Fragen jenseits des Spektakels war bemerkenswert. Bei einer Wahlüberprüfung etwa konnte jeder Fünfte nicht sagen, wen er gewählt hatte, fast jeder Dritte gab an, den Wahlzettel mit den Namen der Kandidaten nicht gelesen zu haben.[9]

Dennoch waren die Parteien die treibenden Kräfte des Wahlvorgangs. Da es keine Beamtenschaft gab und der Sieger eine Vielzahl an Posten zu verteilen hatte, ging es für viele Parteileute um die schlichte existenzielle Frage, ob sie einen Job bekommen oder ihren Job behalten würden. Daher betrieben sie einen intensiven, aufopferungsvollen Wahlkampf. In Greenfield in Neuengland etwa bearbeitete ein Parteimann rund zwanzig Stimmberechtigte, suchte jeden auf, der nicht zum Wahllokal kam, agitierte, appellierte und kutschierte, wenn nötig, den Säumigen zur Stimmabgabe. Viele Bürger gingen wohl auch einfach deswegen zur Wahl, um von den Parteien in Ruhe gelassen zu werden.[10] Rings ums Wahllokal drängten Wahlkämpfer den Bürgern ihre Stimmzettel auf, die von den Parteien selbst gedruckt und gut voneinander unterscheidbar waren. Spätestens bei der Übergabe des Stimmzettels an den Wahlaufseher konnte man am Papier die Wahlentscheidung erkennen – ein wichtiges Detail, damit die Korruption reibungslos funktionierte. Für viele verhieß der Wahltag ein gutes Zusatzeinkommen. Parteileute kauften den Bürgern ihre Stimme für etwa einen Dollar ab – und wenn sich ein Wähler ein wenig geschickt anstellte, konnte er das Geschäft gleich mehrfach abschließen.[11] Neben einem kleinen Salär für die Mühen der Stimmabgabe konnten die Bürger aber auch mit Essen, Kleidung oder Baumaterialien an die Urne gelockt werden – und immer wieder und geradezu endemisch: mit Alkohol.[12] Alkohol war ein unverzichtbares Schmiermittel der Demokratie, er enthemmte die Gewalt und stachelte den Rassismus an. Zwar ist die Wahlgeschichte in den USA begleitet von sich beständig wiederholenden Alkoholverboten, doch am Wahltag reklamierten

9 Altschuler/Blumin: Rude Republic, S. 265.

10 Ebd., S. 71.

11 Affidavit of O. Rowley, in: Common Council, January 12, 1829, NYC Common Council Papers, Box 122, Folder 2218, Elections 1829, MANYC; «Hired repeaters crowding out thousands of voters», in: The Sun, 18.5.1870; Jacob Riis: How the Other Half Lives, 1890, S. 43; Bensel: American Ballot Box, S. 62.

12 Altschuler/Blumin: Rude Republic, S. 73.

die Männer ihre Freiheit von Regulierungen und ihr Recht auf Alkohol.[13]

Wahlkämpfer fanden aber noch ganz andere Mittel, um Stimmen für ihre Seite zu generieren. Sie griffen immer wieder Männer auf, setzten sie unter Alkohol, so dass sie am Wahltag geschwächt und willenlos für sie wählen gingen – oft mehrfach in verschiedenen Wahllokalen. Die so von Lokal zu Lokal schwankenden Gestalten waren häufig schwach, alt, krank, meistens ortsfremd, besonders oft Ausländer.[14] Mancher machte auch daraus ein Geschäft, sackte Fremde ein und verkaufte deren Stimmabgabe am Wahltag an Parteien. Ein Opfer dieser Stimmausbeutung erzählte vor Gericht, wie er kurz vor den Wahlen überfallen und dann von den Räubern festgesetzt wurde. Am Wahltag zerrten ihn die Ganoven vor ein Fenster, wo er seine Stimme abgeben musste. Darauf, so erzählte das Opfer vor Gericht weiter, wurde er von einem anderen Gewalttäter geschnappt «and voted me again». Etwa fünfmal sei ihm das gegen seinen Willen am Wahltag widerfahren.[15]

Fuhrenweise wurden Männer von Wahllokal zu Wahllokal kutschiert und unter Gewaltandrohung wieder und wieder zur Stimmabgabe gezwungen.[16] Gefängniswärter konnten mit ihren Gefangenen am Wahltag ein beträchtliches Zusatzgeld verdienen.[17] Ein Augenzeuge berichtete, wie eine Gruppe von Männern zum Wahllokal eskortiert wurde: «They walked very close to each other, in single file, and I think they were a body of the most wretched and degraded looking objects I ever saw. Most of them were apparently perfectly stupefied with drink.»[18] In einer abgelegenen Ortschaft am Mississippi tauchte am Wahltag plötzlich am Ufer ein Dampfschiff auf. Ihm entstiegen 150 Männer, die von einigen Aufsehern mit Knüppeln und Gewaltandrohung per Gänsemarsch zum Wahllokal geführt wurden, wo der demokratische Gefangenenchor entsprechend der Anweisungen ihrer Wächter abstimmen mussten.[19] Mit Gewalt ließ sich allerdings auch umgekehrt eine Stimmabgabe verhindern. Die Partei, die gerade an der Macht war, konnte ihre hoheitlichen Rechte ausnutzen und prospektiv die potentiellen Wähler der gegnerischen Partei ins Gefängnis werfen.[20]

13 Vgl. Hedwig Richter: Moderne Wahlen. Eine Geschichte der Demokratie in Preußen und den USA, Hamburg 2017, S. 176 f.

14 Bensel: American Ballot Box, S. 178–180 u. 198.

15 E. Bellinger, Compilation of the Law in Relation to Elections in South Carolina, Columbia 1860, S. 393–412; vgl. Bensel: American Ballot Box, S. 178 f.

16 Bensel: American Ballot Box, S. 183.

17 Bellinger: Compilation of the Law in Relation to Elections in South Carolina, S. 393–412.

18 Wahlen in Baltimore, 1859, zit. nach: Bensel: American Ballot Box, S. 182.

19 Report of the Special Committee appointed by the House of Representatives, Louisiana, u. Zeugenaussage Philemon, o. D., 1845, RG46, SEN28A-D7, Box 20, Folder 10, NARA.

20 Vgl. etwa E. B. Seller: US Attorney, Indiana, to Dept. of Justice, Garland, Attorney General, 21.11.1888, RG 60, E72, D. J. Central Files Year Files, Folded, 9050–1888, Box 383, NARA; Wickershams Brief nach Washington vom 27.1.1890, RG 60, E 72, 1629–1890, Box 463, Dept. of Justice, Central (Year) Files, NARA.

Inklusion / Exklusion

Da die Bürokratie in den USA oft schlecht funktionierte oder gar nicht vorhanden war, ließ sich eine wiederholte Stimmabgabe problemlos durchführen; insbesondere in den jungen Staaten oder den noch nicht als Staaten anerkannten Territorien konnte eine Wahlberechtigung oft nicht festgestellt werden. Wenn es eine halbwegs funktionierende Verwaltung gab, wie etwa in New York, bürgerten die Parteien vor den Wahlen zu Tausenden die Ausländer ein, um sie dann für sich abstimmen zu lassen. Teilweise wussten die frisch Eingebürgerten dann gar nicht, was mit ihnen geschah und was das ganze Prozedere der Abstimmung bedeutete.[21] Dennoch wird hier der demokratisierende inklusive Effekt der Wahlen deutlich. Weiße Einwanderer waren in dieser Demokratie willkommen und wurden politisch rasch integriert. Dafür allerdings zogen die amerikanischen Männer die Grenzen in Rassen- und Geschlechterfragen umso strikter.

Die Wahlen waren eine der wenigen Verbindungen in der losen Beziehung von Bürger und US-Staat und konstituierten in vielerlei Hinsicht die Staatsbürgerschaft. Sie trugen damit nicht unwesentlich zur Konstruktion von Rasse bei. Wenn es wegen mangelnder Verwaltung keine ordentliche Wählerregistratur gab, wurde vor Ort ausgehandelt, wer dazugehörte. «Of course no ‹negro›, mixed breed, Indian or ‹free person of color›, can exercise the franchise», erklärte ein Jurist aus South Carolina vor dem Bürgerkrieg. Gerichtsverfahren bestätigten regelmäßig: «Color is *prima facie* evidence of slavery.»[22] Auch in den wenigen Staaten, in denen vor dem Bürgerkrieg einige wohlhabende Schwarze wählen durften, blieben die Kommissionen prinzipiell skeptisch und im Zweifelsfall ablehnend. Zu den Männerfreuden des Wahltags gehörte es, Afroamerikaner zu verhöhnen und zu misshandeln. In Washington D.C. marschierten bei den Wahlen die Sympathisanten der *Democratic Party* mit Transparenten durch die Stadt, auf denen sie gegen «niggers, miscegenation and similar matters» Stimmung machten.[23] Afroamerikaner trauten sich am Wahltag ohnehin kaum auf die Straße. Als sie Ende der 1860er Jahre ihr Wahlrecht erhielten – mit Verfassungszusätzen und Gesetzen und häufig mit föderaler militärischer Gewalt gegen die Weißen durchgesetzt –, erforderte die Stimmabgabe großen Mut. Teil-

21 Emigrant Inspector Th. F. Lee an US Dist. Atty. H. S. White in Jersey City, Newark, 27.12.1890 und weitere Unterlagen in der Akte, RG 60, Entry 72, 9321–1890, Box 516, D. J. Central Files (Year), folded, NARA.

22 Bellinger: Compilation of the Law in Relation to Elections in South Carolina, S. 525 f.

23 Eric Foner: Reconstruction. America's Unfinished Revolution 1863–1877, New York 2002, S. 272.

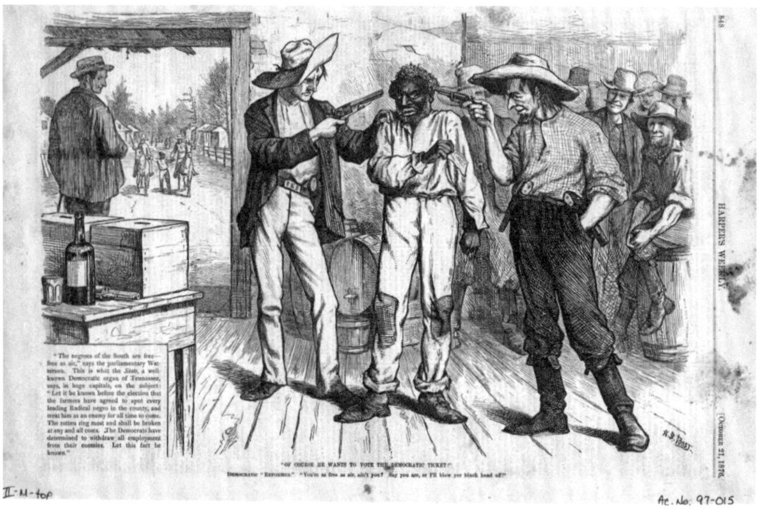

Abb. 1
Demokratisierung mit Schießeisen: «Of Course He Wants to Vote the Democratic Ticket». Harper's Weekly, October 21, 1876.

weise wurden Schwarze gezwungen, die rassistische Democratic Party zu wählen *(Abb. 1)*, die gegen die Abschaffung der Sklaverei gewesen war und erst recht gegen die «black vote». Im Wahllokal mussten Afroamerikaner der Gewalt trotzen; ein Kampf, den sie letzten Endes verloren. Schon in den 1890er Jahren konnten sie trotz aller Rechtsgarantien in aller Regel nicht mehr wählen.[24]

Besonders umstritten war die Auszählung der Stimmen. Oft wurden Urnen gestohlen, ins Wasser geworfen, ausgetauscht. Zuweilen manipulierten die Parteileute die Urnen und füllten sie bereits am Wahlmorgen mit ihren eigenen Stimmzetteln, die sich dann am Abend mit den abgegebenen Wahlscheinen mischten. Oft dauerte das Wahlprozedere bis spät in die Nacht, die Männer drängten sich ins Wahllokal, um die Auszählung zu kontrollieren oder bei abschließenden Raufereien für ihre Partei den Wahlausgang günstig zu beeinflussen.[25] Im Sieges- und Freudentaumel marschierten dann die Sieger grölend und jubelnd mit Fackeln durch die Nacht.

24 Richter: Moderne Wahlen, S. 392–409.

25 Dokument Nr. 1, Board of Aldermen, 14.5.1833a, Documents of the Board of Aldermen, MANYC; Dokument Nr. 11, Board of Aldermen, 30.7.1838, Documents of this Board of Aldermen, 1838–1839, Vol. 5, 149, MANYC; Documents of the Board of Aldermen, New York, 1841–1842, 665, Document No. 85, 25.4.42.

Selbstverständlich variierten die Wahlpraktiken je nachdem, ob man in einer ländlichen oder urbanen Gegend lebte, eher im Osten oder in Territorien, die noch nicht als Staaten anerkannt waren, oder im Süden mit seinem oftmals ungleichen Wahlrecht auch für Weiße, das erst nach dem Bürgerkrieg den armen weißen Männern die gleichen Partizipationsmöglichkeiten gewährte. Es waren ohnehin die einzelnen Bundesstaaten, die das Wahlrecht festlegten und nicht die Regierung in Washington. In Neuengland mit seinen festen Strukturen und seiner relativ guten Verwaltung war das Chaos geringer und der Wahlakt disziplinierter.[26] Dennoch wirft die weit verbreitete Gewaltförmigkeit und Rechtlosigkeit der Wahlen grundsätzliche Fragen über die amerikanische Demokratie auf.

Maskulinisierung von Herrschaft

Welche Funktion hatten diese von Gewalt und Zwang grundierten amerikanischen Wahlspektakel im 19. Jahrhundert, die so wenig den «freien», «gleichen», «allgemeinen» und «geheimen» Grundsätzen entsprechen, die wir heute mit demokratischen Wahlen verbinden? Die wichtigste Funktion war auch bei diesen Urnengängen die Legitimation – und sie wurde durch die gewaltförmige Männlichkeit keineswegs beeinträchtigt, sondern gestärkt. Männlichkeit bildete für staatliche Herrschaft einen starken Legitimationsfaktor. Überall wurde Herrschaft mit Männlichkeit bewehrt. «Es giebt keinen Staat der so wenig Weiberherrschaft gesehen hat wie der preußische», erklärte Heinrich von Treitschke die angebliche Überlegenheit Preußens, «Obrigkeit ist männlich.»[27] Junge Demokratien mit einer noch prekären Legitimation, deren Funktionsfähigkeit angezweifelt wurde, waren besonders auf diesen starken Legitimationsfaktor angewiesen.[28] Gisela Bock spricht von einer «expliziten Maskulinisierung der politischen Partizipation» im 19. und frühen 20. Jahrhundert.[29] Die amerikanische Zeitschrift *Democratic Review* erläuterte 1859 apologetisch die männliche Exklusivtät von Demokratie: «The great conservative element of our government is its exclusion of females from an active participation in the political councils of the nation.» Ganz anders sähe es bei Monarchien aus, bei denen stets der fatale Fall einer weiblichen Thronfolge

26 Alexis de Tocqueville: Über die Demokratie in Amerika (frz. Orig., 2 Bde., 1835/40), München 1976, S. 76.

27 Zitiert nach Ute Planert: Antifeminismus im Kaiserreich, Göttingen 1998, S. 36; vgl. zur prekären Legitimation von weiblicher Herrschaft Barbara Stollberg-Rilinger: Weibliche Herrschaft als Ausnahme? Maria Theresia und die Geschlechterordnung des 18. Jahrhunderts, in: Bettina Braun u. a. (Hg.): Weibliche Herrschaft im 18. Jahrhundert. Maria Theresia und Katharina die Große, Bielefeld 2020, S. 19–50.

28 Carole Patemen: Beyond Suffrage. Three Questions About Woman Suffrage, in: Caroline Daley/Melanie Nolan (Hg.): Suffrage and Beyond. International Feminist Perspectives. New York 1994, S. 331–348.

29 Gisela Bock: Frauen in der europäischen Geschichte, München 2000, S. 183.

eintreten könne – oder, ähnlich schlimm: eines weibischen Thronfolgers. In der amerikanischen Demokratie aber dominierten stets Männer, weil nur Bildung und Leistung zähle; Frauen – «disqualified by nature» – blieben hier ausgeschlossen.[30]

Die amerikanischen Bürger zogen unter dem Ruf «Free elections» in die Wahlen und meinten damit nicht zuletzt Wahlen, in denen sie sich selbst die Regeln vorgaben. 1838 hinderten die Männer der überlegenen Partei einen Gegner an der Stimmabgabe und warfen ihn die Stufen des Wahllokals hinunter mit der Erklärung, «[they] were in a Free country, consequently they had the right to let vote who they pleased».[31] Die Wahlen vor dem Bürgerkrieg waren ein Ausdruck der Herrschaft von unten, der Herrschaft des einfachen Mannes, der aus freien Stücken seine Stimme verkaufte – und gegenüber einer fernen Regierung im besten Fall desinteressiert, im schlimmeren Fall voller Ressentiments war.

Warum sollte ein freier weißer Amerikaner Regeln und Gesetze akzeptieren, die er sich nicht selbst gegeben hatte? Genau diese Frage wurde Ende der 1860er Jahre virulent, als Bundestruppen ausrückten, um die Wahlen in den Südstaaten neu zu gestalten und das Wahlrecht der Afroamerikaner zu sichern; aber auch in den Nordstaaten mussten die im Bürgerkrieg siegreichen *Republicans* mit Gewalt und mit Rechtsprechung darum kämpfen, die Verfassungszusätze zu gewährleisten und die *black vote* durchzusetzen.[32]

Die Geschichte der Demokratie ist widersprüchlich und häufig nicht besonders glorreich. Die Feier des großen Mannes, die Verachtung der «woken» Eliten, die Schwächen des Rechtsstaats, die Freude an Simplifizierungen und rassistischen Exklusionen, aber auch die Eruption der Gewalt – im Namen des Volkes –, die mit dem Sturm auf das Kapitol in Washington am 6. Januar 2021 sein Geschichtszeichen bekommen hat, gehören auch schon vor Donald Trump zur amerikanischen Demokratie und sind vielleicht nur seit der Bürgerrechtsbewegung in den 1960ern ein halbes Jahrhundert temperiert worden. *Election Day* – in einem Jahr zappen wir wieder gebannt nach Amerika. Die liberale Demokratie jedenfalls bedarf der bürgerlichen Zähmung. Nichts Neues im Wilden Westen?

30 «Female Influence in the Affairs of State», in: Democratic Review 43 (1859), S. 175 f., 177.

31 Henry B. Miller: Diary, 1838, zit. nach: Grimsted: American Mobbing, S. 182.

32 Richter: Moderne Wahlen, S. 392–409.

Bildnachweis:
Abb. 1: Courtesy of Tennessee State Library and Archives via Digital Library of Tennessee.

WOLF LEPENIES (1.94)

Die Großen in der NBA

Plante Nordkorea, eine Armee von Riesensoldaten aufzustellen? Diese Frage bewegte Fernsehzuschauer, die am 28. Dezember 2011 verfolgten, wie in einem pompösen Trauerzug der Sarg des «geliebten Führers» Kim Jong Il (1.60) drei Stunden lang durch die Straßen der Hauptstadt Pjöngjang gefahren wurde. Alle Blicke richteten sich auf den «großen Nachfolger» Kim Jong Un (1.70), der den Leichenwagen zu Fuß begleitete, einigen Beobachtern aber fiel in den am Straßenrand dicht gestaffelten Reihen des Militärs ein Soldat auf, der seine Umgebung um fast einen Meter überragte. Das Geheimnis des «Giant Soldier» lüftete sich bald, es war ein ehemaliger Basketballspieler: Ri Myung-hun (2.35), der sich aus Bewunderung für Michael Jordan (1.98) Michael Ri nannte.

Der 1967 geborene Ri, Center der nordkoreanischen Nationalmannschaft, hätte der größte Spieler der NBA werden können – und werden wollen: «I am a big man. I want to test my ability.» Ein NBA-Coach hatte ihn 1997 in Pjöngjang aufgespürt, Michael Ri sollte in Toronto beim Trainer des kanadischen Nationalteams seine Spieltechnik und Fitness verbessern. Während Ri in Nordkorea seine Füße in Sneakers der Größe 19 pressen musste, erhielt er jetzt zum ersten Mal für ihn passende Schuhe der Größe 22. Ri war in schlechter körperlicher Verfassung, hatte keine Sprungkraft, Rebounds gelangen ihm selten. Doch Beobachter trauten ihm zu, in der NBA zehn bis fünfzehn Minuten pro Spiel mithalten zu können. Nicht weniger als sechs Teams waren an ihm interessiert.

Zu einer Verpflichtung aber kam es nicht – eine Groteske der Sportdiplomatie. Mit Rückgriff auf den «Trading with the Enemy Act» von 1917 verbot das State Department zunächst die Verpflichtung des nordkoreanischen Spielers, dann erteilte es die Erlaubnis unter der Bedingung, dass Ri kein Geld nach Nordkorea überweisen dürfe, woraufhin Kim Jong Il eine Ausreiseerlaubnis für Ri an die Bedingung knüpfte, dass sein Gehalt von den USA in Form von Weizenlieferungen nach Nordkorea überwiesen würde – was wiederum die Amerikaner ablehnten. Ri Myung-hun blieb in Pjöngjang: «General Kim Jong Il wollte mich in der NBA sehen, aber auch zu Hause, ohne einen Vertrag mit der NBA, habe ich ein gutes Leben.»

Es gab nur drei Basketballspieler, die größer waren als Ri – und keiner von ihnen spielte in der NBA:[1] der Chinese Sun Mingming (2.36), der Russe Alexander Sizonenko (2.39) und der aus Libyen stammende Suleiman Ali Nashnush (2.45). Viele «Big Boys» in der NBA waren Ausländer, aufgenommen in die Basketball Hall of Fame wurde nur der bei den Houston Rockets spielende Chinese Yao Ming (2.29). Die dominierenden großen Spieler der letzten fünf Dekaden waren alle Amerikaner und spielten – mit Ausnahme von LeBron James – auf der Center-Position: in den Sechzigern Bill Russell (2.08) und Wilt Chamberlain (2.16), in den Siebzigern Kareem Abdul Jabbar (2.18), in den Achtzigern Moses Malone (2.08), in den Neunzigern Shaquille O'Neal (2.16) und danach LeBron James (2.06). Zum Basketball gehört der Höhenrausch: «The sky is the limit.»

Höhe verführt zur Demonstration von Dominanz. Beim Basketball geschieht dies mit Vorliebe durch das «Dunking», wobei der Ball von oben herab mit einer Hand oder beidhändig in den Korb «getunkt» oder «gestopft» wird. Den ersten «Dunk» beschrieb im Jahre 1936 Arthur J. Dayley (1.72), ein mit dem Pulitzer-Preis ausgezeichneter Reporter der *New York Times*, der im Madison Square Garden den Basketballspieler Joe Fortenberry (2.01) bei einem Trainingsspiel für die Olympiade beobachtete: «Joe left the floor, reached up and pitched the ball downward into the hoop, much like a cafeteria customer dunking a roll in coffee.»[2] Bei der Berliner Olympiade gewann Fortenberry mit dem amerikanischen Team die Goldmedaille, im regennassen Endspiel auf einem Freiplatz wurde Kanada 19:8 bezwungen, Fortenberry war erfolgreichster Werfer. Es ist eine der vielen Heroenerzählungen in der Geschichte des amerikanischen Basketballs: «How basketball's first dunker won gold on Hitler's home court.»[3]

Der Dunk wurde zur Signatur der Basketball-Riesen. Als Demonstration der Überlegenheit und als Mittel zur Einschüchterung ist er dann besonders wirkungsvoll, wenn er gegen einen größeren Gegenspieler gelingt – wie im «Dunk of Death» mit dem 2000 bei den Olympischen Spielen in Sidney der US-Amerikaner Vince Carter (1.98) den Center der französischen Nationalmannschaft Frédéric Weiss (2.18) düpierte. Die Exaltation des Basketballspielers beim Dunk fand 2008 beim Dunk Contest in

1 Basketball wird in der ganzen Welt gespielt. In diesem Artikel ist, mit wenigen Ausnahmen, nur die Rede von der North American Basketball Association (NBA). Alle Personen werden bei der ersten Nennung mit ihrer Körpergröße in m angegeben. Quelle war dabei in der Regel Google.

2 Dayleys Beschreibung – «dunking a roll in coffee» – erinnert an die 1950 gegründete Schnellrestaurantkette «Dunkin' Donuts», die 2018 ein «Rebranding» vornahm und seitdem nur noch «Dunkin'» heißt.

3 Video bei SBNATION, 23. Mai 2017.

New Orleans sichtbaren Ausdruck, als Dwight Howard (2.08) von den Orlando Magic den Wettbewerb mit wehendem Cape im blau-rot-gelben Superman-Kostüm gewann – um im Jahr darauf beim Contest in Phoenix das Duell gegen den 33 Zentimeter kleineren Nate Robinson (1.75) von den New York Knicks zu verlieren.

Der Hashtag #dunkhysteria bringt die mit dem Dunk freigesetzten Emotionen auf den Punkt: «Jump and destroy, do not overthink!» Weil der Dunk für den Gegenspieler, über den gedunkt wird, erniedrigend wirken kann, war er eine Zeitlang als «Provokation» in der NBA verboten.[4] Im College-Basketball galt er nicht als «skilful shot», der Spieler der dunkte, wurde mit einem technischen Foul bestraft. Nur die American Basketball Association (ABA), bis 1976 die Konkurrenzliga der NBA, behielt den Dunk bei und veranstaltete den ersten Dunk Contest, den «Dr. J» Julius Erving (2.01) von den New Jersey Nets gewann – mit einem berühmt gewordenen Dunk, bei dem er den Ball von der Freiwurflinie aus im Korb versenkte. Erst 1984 veranstaltete die NBA ihren ersten eigenen Dunk Contest während des 34. All Star Weekends in Denver. Ein herausgehobenes Datum in der Geschichte des Dunkings ist der 13. November 1979, als Darryl Dawkins (2.11) von den Philadelphia 76ers im Spiel gegen Kansas City bei einem Monsterdunk das «Brett» hinter dem Korb zerbrach. Daraufhin änderte man das Material des Backboards, dessen Elastizität von nun an einen Bruch verhinderte. Der Dunking Wettbewerb gehört mittlerweile zu jedem All Star Weekend, die Variationen des Dunks sind dabei groß, immer neue kommen hinzu: der 360-Grad-Dunk, der «reverse dunk», der «between-the-legs slam» und der «Tomahawk», bei dem der Ball hinter den Kopf geführt wird, bevor das «Stopfen» erfolgt. Beim «Dunking Contest» fehlt die Geste der Einschüchterung gegenüber dem Gegenspieler – der «Dunker» sieht sich nur dem Korb gegenüber.[5]

Mitverantwortlich für den anfänglichen Bann des Dunkings war ein College-Spieler der «Bruins», der Mannschaft der University of California Los Angeles (UCLA), der seinen Dunk, gegen den eine Abwehr unmöglich war, routinemäßig einsetzte und damit sein Team zu mehreren Meisterschaften führte: Lew Alcindor (2.18). Fans buchstabierten UCLA daraufhin als «Universi-

4 Auf Youtube kann man die «20 most DISRESPECTFUL moments in NBA history» sehen, darunter sind Blocks und auch 3-Pointers, die meisten aber sind Dunks.

5 Der Dunk ist der einzige Wurf im Basketball, der eine eigene Fangemeinde hat. Vgl. dazu den Online-Auftritt der World Dunk Association (WDA): «The goal of the WDA is to create the foundations to elevate the dunk as a structure discipline.»

ty of California Lew Alcindor». Ein Islamwissenschaftler an der UCLA hat mir von seiner ersten Begegnung mit ihm erzählt. Nach einer Vorlesung kam 1968 Lew Alcindor zu ihm und bat, ihm die 99 Namen Allahs zu übersetzen, die er auf einer in Arabisch abgefassten Liste mit sich führte. Er hatte sich entschlossen, zum sunnitischen Islam überzutreten, in Zukunft würde er sich Kareem Abdul-Jabbar nennen, «Diener des Giganten».[6] Kareem Abdul-Jabbar gewann als Profispieler einmal mit den Milwaukee Bucks und dann fünf Mal mit den Los Angeles Lakers die «Weltmeisterschaft», wie die Amerikaner die NBA-Championship nennen, er führte über Jahrzehnte die «All Time Scoring List» der NBA an, bevor er im Februar 2023 von LeBron James übertroffen wurde. Von allen großen Basketballspielern war Bill Russell, der zeitlebens für die Bürgerrechte der Schwarzen kämpfte und Martin Luther King Jr. nahestand, der größte Politiker. Der größte Schriftsteller war Kareem Abdul-Jabbar, der nicht nur die übliche Autobiographie geschrieben hat (*Giant Steps,* 1983), sondern Bücher über Vorbilder für junge Schwarze (*Black Profiles in Courage,* 1996), über die «Schwarzen Panther», das nur aus Schwarzen bestehende 761. Panzerbataillon das sich in der Ardennenschlacht auszeichnete (*Brothers in Arms*, 2004), über die Harlem Renaissance, deren Jazz-Größen Basketballer lehrten, sich auf dem Spielfeld stets «cool and confident» zu verhalten (*On the Shoulders of Giants*, 2007), und schließlich einen Kriminalroman über den Bruder von Sherlock Holmes (*Mycroft Holmes*, 2015): «Früher spielte ich Basketball, jetzt bin ich Schriftsteller», bekannte Kareem voll Stolz, der immer Wert darauf legte, «More Than an Athlete» zu sein.[7]

Und doch wird Kareem Abdul-Jabbar den Basketball-Fans nicht so sehr als Autor und politischer Aktivist in Erinnerung bleiben, sondern als Spieler, gegen dessen Lieblingswurf eine Verteidigung noch weniger möglich war als gegen den Dunk: der Hakenwurf, der sogenannte «Sky Hook».[8] Kareem war «ambidexter», traumwandlerisch sicher versenkte er im weiten Bogen ausholend mit der linken wie mit der rechten Hand den Ball im Korb. Der Hook Shot gilt als eines der berühmtesten innovativen Bewegungsmuster der Sportgeschichte, «one of the all-time signature moves», vergleichbar dem «Fosbury Flop» im Hochsprung.

6 Dazu Aram Goudsouzian (auch bei ChatGPT keine Größenangabe), «From Lew Alcindor to Kareem Abdul-Jabbar: Race, Religion and Representation in Basketball 1968–1975, in: Journal of American Studies 51/2 (2016), S. 437–470.

7 2012 wurde Kareem Abdul-Jabbar von Außenministerin Hillary Clinton zum «Global Cultural Ambassador» ernannt, 2016 erhielt er von Präsident Barack Obama die Medal of Freedom.

8 Den ersten Sky Hook soll bei der Eurobasket 1937 der Litauer Pranas Talzūnas (1.82/1.83) geworfen haben, Litauen wurde Europameister.

Abb. 1
«It's not a macho shot!» Kareem Abdul-Jabbar (2.18, #33) zelebriert einen Sky Hook im Spiel seiner Los Angeles Lakers gegen die Dallas Mavericks, 19. Dezember 1982.

«Kein einziger meiner Würfe wurde geblockt», konnte Kareem Abdul-Jabbar zu Recht von seinem «Trademark Shot» behaupten, «Kareem was boring» war die missgünstige Reaktion eines Konkurrenten. Ein Spieler, der dunkt, hat immer etwas von einem Rowdy an sich, ein Spieler, der den Sky Hook beherrscht, ähnelt einem Gentleman. Kareem war es wichtig zu betonen, dass im Gegensatz zum Dunk der Sky Hook kein Ausdruck von Angabe oder Überheblichkeit ist: «It's not a macho shot!» Den Sky Hook statt des Dunks zu praktizieren, war ein Fortschritt zivilisatorischen Verhaltens: «Over your Head» trat an die Stelle von «In your Face» *(Abb. 1)*. Während der Dunk weiter praktiziert wird, ist der Sky Hook weitgehend aus dem Wurfrepertoire der großen Basketballer verschwunden, zum Bedauern der Kenner: «One of the greatest losses [...] has been the disappearance of the hook shot.» Verantwortlich dafür war die Einführung eines Wurfs, der drei Punkte zählte, wenn er hinter einem Halbkreis erfolgte, der in der NBA 7,24 m vom Korb entfernt liegt. Seitdem prägt den Basketball die Konfrontation von Vertikale und Horizontale.

Am 13. November 1967 lag in einem Spiel der ABA Indiana gegen die Dallas Chaparalls eine Sekunde vor Schluss mit 116 zu 118 zurück. Indiana hatte Einwurf und spielte Jerry Harkness (1.88) an, dem ein «Hail Mary» gelang, ein unmöglicher Treffer.[9] Aus einer Entfernung von 92 Fuß, d.h. 28 Metern, warf er den Ball gegen das gegnerische Brett, von wo aus er im Korb landete. Die Spieler von Indiana brachen in Jubel aus, weil sie glaubten, mit einem Spielstand von 118 zu 118 die Verlängerung erzwungen zu haben – um von den Schiedsrichtern zu erfahren, dass sie gewonnen hatten. Jerry Harkness war mit seinem «Hail Mary»-Wurf ein «3-Pointer» gelungen, Indiana hatte das Spiel mit 119 zu 118 für sich entschieden. Die Einführung des Drei-Punkte-Wurfs lag so kurz zurück, dass er auf der «mental map» vieler Spieler noch keinen Platz gefunden hatte.

In der kurzlebigen American Basketball League (ABL), die nach anderthalb Spielzeiten bereits wieder aufgelöst wurde, gab es den 3-Pointer seit 1961, in der ABA seit 1967. Der erste Dreier in der NBA gelang Chris Ford (1.96) am 12. Oktober 1979 im Spiel der Houston Rockets gegen die Boston Celtics, es war Fords erster Wurf im Spiel. Der 3-Pointer hat das Basketballspiel revolutioniert, seine stetig wachsende Bedeutung lässt sich am Vergleich von Larry Bird (2.06) und Steph Curry (1.88) zeigen. Larry Birds große Zeit bei den Boston Celtics dauerte von 1979 bis 1992. Er hatte beim Dreier eine beeindruckende Trefferquote von 37.6 Prozent, versuchte pro Spiel aber weniger als zwei Drei-Punkte-Würfe. Steph Curry von den Golden State Warriors, gegenwärtig der beste Drei-Punkte-Werfer der NBA, hat eine Trefferquote von 42.7 Prozent, unternimmt aber pro Spiel fast dreizehn Versuche.

Für viele Fans hat der 3-Pointer die Basketball-Spielkultur ruiniert. Er hat das raffiniert einstudierte Pass-Spiel entwertet, das zum «lay up» führt, der «nur» zwei Punkte zählt. Die klassische Basketball-Philosophie – «Pound the ball inside» – ist in ihr Gegenteil verkehrt worden, heute wird auch vom Center, der sich nahe am Korb befindet, der Ball oft zu einem Drei-Punkte-Werfer in guter Schussposition zurückgespielt. Statistisch gesehen macht das Sinn, wer aber alt genug ist, um sich noch an epische Duelle unter dem Korb zwischen Centern wie Wilt Chamberlain

9 Der Begriff ist eine Entlehnung aus dem American Football, in dem «Hail Mary» einen langen Pass bezeichnet, der wenig Aussicht hat, vom «Receiver» gefangen zu werden, und beinahe aus Verzweiflung gegen Schluss eines Spiels dennoch versucht wird.

10 Bei Getty Images kann man 4698 «premium hook shots of the highest quality» abrufen.

Abb. 2
Muggsy im Land der Giganten: Der geniale Point Guard (1.60, #1,) der Washington Bullets steht hier in einem NBA-Spiel neben Billy Thompson (2.01, #55, Los Angeles Lakers) und seinem Mitspieler Manute Bol (2.31, #10), 23. Februar 1988.

und Bill Russell zu erinnern, bricht das Basketballer-Herz, wenn er sieht, wie große Spieler, obwohl sie in Korbnähe sind, keine Anstalten machen, sich «durchzutanken», sondern sich mit der Rolle des «floor spacer» zufrieden geben und den Ball brav wie vom Coach angeordnet zum Drei-Punkte-Werfer zurückpassen. Der Dunk ist geblieben, gänzlich verschwunden aber ist der Hook Shot, einer der elegantesten Würfe im Basketball, ein ästhetischer Genuss, wenn er von Könnern wie Kareem Abdul-Jabbar zelebriert wurde.[10] Heute gibt es bei den Top-Mannschaften bis auf den Shooting Guard keine festen Positionen mehr, alle können alles spielen, und der Big Man, der früher auf die Center-Rolle festgelegt war, hat an Bedeutung verloren. William Butler Yeats' apokalyptisches Gedicht *The Second Coming* kommt dem Basketball-Fan in den Sinn: «Things fall apart; the centre cannot hold.»

Eine Renaissance des Hook Shot ist nicht in Sicht, aber es mehren sich Diskussionen, ob nicht die Punktevergabe für die einzelnen Würfe korrigiert werden sollte.[11] Vorschläge, den Dunk mit vier Punkten zu werten, sind dabei prompt mit dem Vorschlag gekontert worden, die Drei-Punkte-Linie näher an den Korb zu legen. Dunk vs. 3-Pointer, das ist die Konfrontation zwischen der Vertikalen und der Horizontalen.

Dahinter verbirgt sich der Vergleich zwischen Groß und Klein, dessen Ausgang ungewisser ist als Außenstehende denken. Dass sie sich näher am Boden befinden, gibt kleinen Spielern eine größere Stabilität, sie verlieren seltener die Balance und wenn sie sie verlieren, sind sie bald wieder auf den Beinen, kleinere Spieler sind in der Regel schneller als große Spieler, sie beschleunigen besser, und sie können, im Basketball besonders wichtig, schneller die Laufrichtung ändern – zum Ärger der Großen, wie es Rudy Gobert (2.16), der Center des Utah Jazz, erfahren musste, dem Steph Curry (1.88) in einem Spiel zum Entzücken des Fernsehkommentators «einen Knoten in die Beine dribbelte».

Ende der 1980er Jahre gehörten zum Kader der Washington Bullets mit Manute Bol (2.31) und «Muggsy» Bogues (1.60) der zweitgrößte und der kleinste Spieler in der Geschichte der NBA. In vier von fünf Kategorien ihrer Karrierestatistiken schnitt der «Kleine» besser ab als sein «großer» Mitspieler. «Muggsy» war im Durchschnitt 28.6 Minuten pro Spiel auf dem Feld, Bol 18.7 Minuten. Bogues machte dabei pro Spiel 7.7, Bol nur 2.6 Punkte. Mit den 7.6 «Assists» von Muggsy ließen sich die 0.3 Assists von Manute nicht vergleichen, 1.5 standen 0.2 «Steals» gegenüber. Nur beim Rebound war Manute Bol (4.2) besser als Bogues (2.6). Ein Einzelfall? Keineswegs. Der Karrierevergleich der drei größten mit den drei kleinsten Spielern der NBA fällt folgendermaßen aus: Gheorge Muresan (2.31), Manute Bol (2.31) und Tacko Fall (2.29) hatten zusammen 692 Spiele absolviert und dabei pro Spiel 4.86 Punkte erzielt. Bei den drei Kleinsten – Muggsy Bogues (1.60), Earl Boykins (1.65) und Spud Webb (1.68) waren es zusammen 2355 Spiele und 8.83 PPG («Points Per Game»).

Zu den am meisten aufgerufenen Fotos in der NBA-Galerie gehört ein Doppel-Porträt von Manute Bol und «Muggsy» Bogues – dem «tandem de choc», wie sie in der französischen Fachpresse

11 Interessant ist das in mancher Hinsicht absurde Regelwerk im nordkoreanischen Basketball. Absurd ist es, dass ein Korb, der in den letzten drei Sekunden eines Spiels erzielt wird, acht Punkte zählt. Nicht umzusetzen ist die Regel, dass ein 3-Pointer 4 Punkte bringt, wenn der Ball den Ring nicht berührt. Bedenkenswert aber ist es, einen vergebenen Freiwurf mit einem Abzug von einem Punkt zu bestrafen und den Dunk generell mit vier Punkten zu entlohnen.

genannt wurden. Muggsys verschmitzter Gesichtsausdruck erinnert an den Satz eines Journalisten: «Der Ball ist öfter am Boden als in der Luft – und da unten ist Muggsyland.» Bogues konnte regelgerecht mit dem Ball so tief dribbeln, dass seine Fingerknöchel den Boden berührten, dazu sprang er aus dem Lauf über einen Meter hoch. Nach dem Verb «to mug» (ausrauben) wurde er «Muggsy» genannt, weil er so oft seinen Gegenspielern den Ball wegnahm, im «Land der Giganten» hatte er keine Angst.[12] «Muggsy» und Manute demonstrieren die entscheidende Asymmetrie zwischen klein und groß: nur der «Kleine» kann den Großen ärgern, nicht umgekehrt, «hearts over height». Zur Folklore der NBA gehört die Erinnerung an Momente, bei denen ein «Kleiner» es den Großen zeigte – wie Spud Webb von den Atlanta Hawks, der mit seinen 1.68 Metern 1986 den Slam Dunk Contest der NBA gewann.

Auf den Satz «Basketball is a big man's game» lässt sich mit einem anderen Satz antworten: «Basketball is a wise man's game.» Zu den «weisen» Basketballern gehörte Bill Bradley, der spätere demokratische Senator von New Jersey, der im College bei den Princeton Tigers und als Profi bei den New York Knicks spielte. Mit Blick auf seine Karrierewerte musste man vermuten, er sei mindestens 2.20 Meter, er war aber «nur» 1.96 Meter groß. Noch wichtiger und «weiser» aber: Bradley zeigte auf dem Spielfeld einen untrüglichen Orientierungssinn, für sich selbst und die von ihm angepassten Mitspieler, eine ihm gewidmete Biographie trug den Titel *A Sense of Where You Are*.[13] Über diesen Orientierungssinn verfügen heute viele große Spieler, die früher nur auf der Center-Position eingesetzt worden wären, heute aber auch wie ein mittelgroßer «Guard» oder wie ein viel kleinerer Spieler agieren können.[14] Dazu gehören «no-look»- und «behind-the-back»-Pässe, der selbstverständliche «Switch» des Balles von einer zur anderen Hand während des Laufs, das Dribbling «through-the-legs», Steals, Intelligenz im Spielaufbau, ein untrüglicher Blick für den freien Mitspieler und auch – vor Jahrzehnten undenkbar – sichere Drei-Punkte-Würfe. Im Laufe seiner langen Karriere gelang Kareem Abdul-Jabbar ein einziger Drei-Punkte-Wurf, bei LeBron James, der jetzt Kareem als erfolgreichster Scorer der NBA abgelöst hat, sind es bereits 2237! Ge-

12 Vgl. «Muggsy» Bogues' zusammen mit David Levine geschriebene Autobiographie: In the Land of Giants. My Life in Basketball, die 1994 passender Weise im Bostoner Verlag Little Brown & Co. erschien.

13 John McPhee: A Sense of Where You Are. A Profile of Bill Bradley at Princeton, New York 1965.

14 Dazu David Gendelman: Size Matters: the evolution of the NBA big man, in: The Guardian, 12. Januar 2017.

prägt hat den Typ des vielseitigen großen Spielers Dirk Nowitzki (2.13). Heute gehören dazu beispielsweise Myles Turner (2.11) von den Indiana Pacers, Nikola Jokić (2.11) von den Denver Nuggets und Luka Dončić (2.01), der bei den Dallas Mavericks die Rolle von Dirk Nowitzki übernommen hat. Es ist bezeichnend für diesen neuen Typ des großen Allround-Spielers, dass er gerne mit neuen Wurfarten experimentiert. Bei Dirk Nowitzki war es der «One-Legged-Fadeaway», den man ebenso schwer stoppen kann wie einen Sky Hook, Luka Dončić probiert es in dieser Saison mit einem «Running Hook Shot». Victor Wembanyama (2.19), der kommende «Big Man» der NBA, spielte lange für den französischen Verein ASVEL Lyon-Villeurbanne und wechselte dann zu den San Antonio Spurs. Beobachter sind begeistert davon, dass Wembanyama Dribbeltechniken beherrscht wie ein bedeutend kleinerer Spieler, dass er schnell ist, gut passt und sämtliche Wurftechniken beherrscht. Spieler wie er können, wie ein amerikanischer Journalist schrieb, «another foot in the grave» für den 3-Pointer werden, der mit dem neuen Typ des «big boy» vermutlich an Bedeutung verlieren wird.

Am größten sind die großen Spieler, die auch beherrschen, was die kleinen Spieler meist besser können.

Bildnachweis:
Abb. 1: © Jayne Kamin-Oncea/Getty Images. – Abb. 2: © Rick Stewart/Allsport/Getty Images.

Patrick Bahners

Kohl in China

Der erste Band der *Erinnerungen* Helmut Kohls erschien 2004 und schildert Kohls Leben bis zu seiner Wahl zum Bundeskanzler am 1. Oktober 1982. Das 14. Kapitel von Teil III («Ministerpräsident in Mainz 1969–1976») steht ungefähr in der Mitte des fast 700 Seiten dicken Buches und trägt die Überschrift «Spurlos verschwunden». Der erste Absatz hat folgenden Wortlaut: «Bereits Mitte Januar 1975 war Franz Josef Strauß nach China gereist. Dass er als erster deutscher Politiker von Mao Zedong und Regierungschef Zhu Enlai empfangen wurde, war eine politische Sensation. Das riesige Reich sollte Strauß bis zu seinem Tod beschäftigen. 1975 war auch das Jahr, in dem Bonn wieder diplomatische Beziehungen zu Kuba aufnahm.»[1] Der Kapitelanfang ist eine Rückblende. Schon im vorangegangenen Kapitel «Testwahl» hat die Erzählung den 9. März 1975 erreicht, den Tag der Landtagswahl in Rheinland-Pfalz, in der Kohls CDU ihre absolute Mehrheit auf 53,9 Prozent der Wählerstimmen steigern konnte. Mit cäsarischer Bestimmtheit hält der Autobiograph am Ende des Kapitels fest, dass er den Test bestanden habe: Der seit 1973 amtierende Bundesvorsitzende der CDU will von diesem Zeitpunkt an der vom Wählerglück designierte Kanzlerkandidat für die Bundestagswahl 1976 gewesen sein. «Jetzt konnte ich mit meiner Nominierung rechnen. Ich wollte die Union zurück an die Macht bringen. Die Würfel waren gefallen.»[2]

Franz Josef Strauß, Vorsitzender der CSU, hatte versucht, die Würfel zu zinken, indem er Kohl kurz vor dem Wahltag ein Wahlziel von 55 Prozent vorgab. Folgenlos «tönte es» am Abend des 9. Märzes «aus Bayern», dass Kohl diese Marke verfehlt habe. Das 15. Kapitel («Kanzlerkandidat») nimmt den chronologischen Faden wieder auf und beginnt mit dem Nachtrag, dass Kohl am Morgen der Landtagswahl eine weitere Botschaft aus Bayern erreicht hatte, auf dem Umweg einer Vorabmeldung des *Spiegel*. Am 18. November 1974 hatte Strauß vor der Bonner CSU-Landesgruppe in Sonthofen eine Rede gehalten. Sein strategisches Kalkül, die Union dürfe aus der Opposition mit der Bundesregierung keinesfalls kooperieren und sich SPD oder FDP auch nicht in informellen Absprachen als künftiger Partner andienen, illustrierte Strauß mit einer Vignette des Sozialverhaltens seines Parteiamtskollegen. «Da gab es auch beim Bundes-

1 Helmut Kohl: Erinnerungen 1930–1982, München 2004, S. 357.

2 Ebd., S. 356.

presseball einige interessante Szenen: im Hintergrund der Bar sitzend Kohl mit Scheel in einem lauschigen Gespräch, anschließend Kohl mit Genscher, anschließend Helmut Schmidt auf dem Gang mit Kohl, so diese Gardinendiplomatie – die Hintergardinendiplomatie.»[3] Laut Kohls *Erinnerungen* war das «eine der typischen Strauß-Attacken», an die er sich «weder gewöhnen konnte noch wollte».[4] Kohl zitierte die Attacke nicht wörtlich: Unter der Würde des Memoirenschreibers wäre es gewesen, dem Angreifer die Ehre des Zitats etwa der typisch sarkastischen, aber auch unverwechselbar individualisierten Wertung zu geben, Kohl habe auf dem Ballparkett in der Bonner Beethovenhalle «den Eindruck der irdischen Geschäftigkeit mit taktisch großgesteckten Zielen» vermittelt.

Das 14. Kapitel behandelt in der Hauptsache die Entführung von Peter Lorenz, dem Vorsitzenden der Berliner CDU.[5] Die Kapitelüberschrift beschwört die Ungewissheit über das Schicksal des Entführten herauf. «Spurlos verschwunden»: Zunächst könnte der Leser geneigt sein, diese Angabe auf den Widersacher des Verfassers zu beziehen. Bis zu seinem Tod 1988, ein Jahr vor dem Fall des Eisernen Vorhangs, sollte das riesige Reich Strauß beschäftigen – das klingt fast so, als wäre er nach der «Sensation» von 1975 gar nicht mehr aus China zurückgekehrt. Verstärkt wird der Eindruck, der ständige Störenfried aller schwesterparteilichen Planspiele habe mit der Chinamission seiner Fernreiselust gefrönt, weil die *Erinnerungen* überhaupt nichts daraus machen, dass Kohl Strauß um vier Monate zuvorgekommen war, allerdings nur auf dem Boden der Volksrepublik, nicht hinter den Gardinen der Amtszimmer oder Privatgemächer des Vorsitzenden Mao und des Ministerpräsidenten Zhou Enlai. Vom 3. bis 12. September 1974 hatte der CDU-Vorsitzende die Volksrepublik China besucht.[6] Denkbar knapp, in summarischem Protokollstil zwecks förmlicher Markierung eines globalen Interessenhorizonts, wird dieses Ereignis im 11. Kapitel («Anziehungskraft») mit aufgeführt, das über wachsende Umfragewerte der CDU nach dem Wechsel im Vorsitz von Rainer Barzel zu Kohl und über anhaltende Schwierigkeiten der Anpassung der außenpolitischen Konzeption der Partei an die vollendeten Tatsachen der Ostverträge berichtet: «Ich selbst unternahm im Jahr

3 Aufräumen bis zum Rest dieses Jahrhunderts. Auszüge aus dem Wortprotokoll eines Referats von Franz Josef Strauß vor der CSU-Landesgruppe auf einer Klausurtagung im Hochzeitszimmer des Hotels «Sonnenalp» in Ofterschwang bei Sonthofen am 19. November 1974, Der Spiegel, Nr. 11/1975.

4 Kohl: Erinnerungen 1930–1982, S. 367.

5 Auch wenn man die «Bewegung 2. Juni», deren Emblem eine Weltkugel auf einem ausgestreckten Arm mit Gewehr in der Faust zeigt, im weiteren Sinne dem Weltkommunismus zurechnen mag, ist der Zusammenhang zwischen dem terroristischen Gewaltverbrechen und der Reise von Strauß nach China oder auch der Normalisierung der Beziehungen zwischen der Bundesrepublik und Kuba nicht ohne weiteres ersichtlich.

6 Ein Besuch in Hongkong schloss sich an.

7 Kohl: Erinnerungen 1930–1982, S. 341. Kohl besuchte Washington im Februar 1974 und wurde von Vizepräsident Ford, Außenminister Kissinger und Verteidigungsminister Schlesinger empfangen. Ein Termin bei Präsident Nixon kam nicht zustande.

8 China-Reise Dr. Helmut Kohl (CDU), Politisches Archiv des Auswärtigen Amtes, Nr. 303-321.35-CHN. Kohl bat um Unterstützung durch die Botschaft in Peking und Übersendung der «notwendigen Unterlagen zur Vorbereitung meiner Gespräche». →

Abb. 1
Auguren in Hamburg: Der große Vorsitzende der kleinen CSU Franz Josef Strauß mit Mao-Uniform und rotem Stern auf dem Cover des Nachrichtenmagazins «stern». «Das Bild ist wahrscheinlich eine Fotomontage», historisch kritische Aktennotiz aus dem Auswärtigen Amt vom 30. Januar 1975, mit Unterstreichung («wahrscheinlich») des Staatssekretärs.

→ Die erbetenen Unterlagen, «Informationen über die VR China» und «Informationen über die deutsch-chinesischen Beziehungen», wurden am 21. August aus Bonn nach Mainz geschickt, unter Hinweis auf die Vertraulichkeit des Materials.

1974 eine Reihe wichtiger Auslandsreisen. Dazu zählten vor allem mein Amerika-Besuch und die China-Reise.»[7]

Bei dieser Reise hatte sich Kohls Ehrgeiz ursprünglich darauf gerichtet, selbst die Sensation zustande zu bringen: der deutsche Nixon in China zu werden, der sich als erster Staatsmann aus der Bundesrepublik beim Händeschütteln mit Mao fotografieren lassen konnte. Am 31. Mai 1974 zeigte Kohl Bundesaußenminister Hans-Dietrich Genscher seine Absicht an, zu einem «offiziellen Besuch» nach China zu reisen.[8] Die Botschaft in Peking wies den in der Mainzer Staatskanzlei federführenden Regierungsdirektor Horst Teltschik am 30. Juli vorsorglich darauf hin, «daß die Chinesen erfahrungsgemäß das detaillierte Programm erst während der ersten Arbeitsbesprechung kurz nach Ankunft des Gastes bekanntgeben». Am 16. August brachte Teltschik der deutschen Botschaft die «Programmvorschläge» zur Kenntnis, die der Ministerpräsident wohl schon Ende Juni der chinesischen Botschaft in Bonn «zugeleitet» hatte. Als gewünschte «politische Gesprächspartner» waren sieben Amtsträger aufgeführt: «Vorsitzender Mao Tse-tung, Ministerpräsident Tschou En-lai, stellvertr. Ministerpräsident Teng Hsiao-Ping, Außenminister Tschi Peng-fei, stellvertr. Außenminister Tschiao Kuan-hua, Außenhandelsminister Li Tschiang, stellvertr. Parteivorsitzender Wang Hung-wen (Nr. 3)». Außerdem plante Kohl eine «Begegnung mit dem Gelehrten Kuo Mo-jo», der «Faust ins Chinesische übersetzt» hatte. Anders als diese Angabe nahelegen könnte, war

Guo Moruo, der zum Zeitpunkt von Kohls Besuch im 72. Lebensjahr stand, kein Privatmann. Seit der Gründung der Volksrepublik vereinte er in Personalunion die Ämter des Präsidenten der Akademie der Wissenschaften und des Vorsitzenden des Schriftstellerverbands.[9] In der Botschaft in Peking oder im Auswärtigen Amt in Bonn wurden die ersten beiden Namen auf Kohls Liste unterstrichen und am Rand doppelt angestrichen.

Von den acht vorgeschlagenen Gesprächspartnern konnte Kohl in Peking zwei tatsächlich treffen.[10] Der Besuch stand unter dem politischen Zeichen der Vize-Aufmerksamkeit. Deng Xiaoping war erst im März 1973 wieder in das Amt eines stellvertretenden Ministerpräsidenten eingesetzt worden, das ihm erstmals 1952 übertragen worden war. Kohl hatte sich im November 1969 nach der verlorenen Bundestagswahl auf dem Mainzer CDU-Parteitag zu einem der fünf stellvertretenden Bundesvorsitzenden wählen lassen. Kurt Georg Kiesinger, der Kanzler der ersten Großen Koalition, hatte «dem damals mächtig nach vorn drängenden Landesvorsitzenden der CDU von Rheinland-Pfalz»[11] zuvor vergeblich den Eintritt ins Bundeskabinett angeboten. Indem Kohl lieber den Mainzer Ministerpräsidenten Peter Altmeier beerbte, richtete er sich nach der Maxime, die Cäsar laut Plutarch auf dem Weg in die ihm als Statthalter zugewiesene spanische Provinz in einem Alpendorf aufgestellt haben soll: «Ich wenigstens wollte lieber hier der Erste sein als in Rom der Zweite.»[12] Der stellvertretende Außenminister Qiao Guanhua empfing Kohl am 5. September und gab im Anschluss an das dreistündige «lebhafte gespraech»[13] ein Bankett. Am darauffolgenden Morgen nahm Deng sich in einem Konferenzsaal der Großen Halle des Volkes anderthalb Stunden Zeit für Kohl. Der stellvertretende Außenhandelsminister Yao Yilin empfing ihn am Nachmittag. Zum Empfang des deutschen Botschafters am Abend des 6. September erschien der Vizeaußenminister.

Die Botschaft hatte Kohl darauf hingewiesen, dass der 1908 geborene Qiao 1936 an der Universität Tübingen in Philosophie promoviert worden sei.[14] Auch Qiao war vorbereitet, flocht in seine Ausführungen «Exkursionen» über «Hölderlins Verse» ein.[15] Kohl nahm Qiao das Dichterwort buchstäblich aus dem Mund, wie er zwei Jahre später im Bundestagswahlkampf Walter Kem-

Abb. 2
Mao im Rücken, die Pfalz fest im Blick: Der China-Reisende Helmut Kohl (in Hemdsärmeln) und aufgeräumter Stimmung mit Gestenspiel vor einer Statue des Großen Vorsitzenden in Shanghai, 8. oder 9. September 1974.

9 Seine Übersetzung des ersten Teils von Goethes Tragödie war 1928 erschienen, die des zweiten 1953. Er übersetzte auch den «Werther», Schillers «Wallenstein» sowie Nietzsche und Marx. 1961 verlieh die Humboldt-Universität in Ost-Berlin ihm den Ehrendoktor. Vgl. Nora Bartels: Goethes Faust bei Mori Rintaro und Guo Moruo. Vorstudien zum Verständnis ihrer Übersetzungen, Japonica Humboldtiana 15 (2012), S. 77–150.

10 Bericht über die Reise des Bundesvorsitzenden der Christlich Demokratischen Union Deutschlands in die Volksrepublik China, 2.9.–14.9.1974, Archiv für christlich-demokratische Politik der Konrad-Adenauer-Stiftung, Sankt Augustin, Bestand CDU Bundespartei, Nr. 07-001-10869.

11 Klaus Hildebrand, Die erste Große Koalition 1966 bis 1969. Gefährdung oder Bewährung der parlamentarischen Demokratie in der →

powski mit nachzitternder Begeisterung berichtete, als sich der Schriftsteller nach seinem Verhältnis zu Goethe und Schiller erkundigte: «Also, wenn Sie mich so fragen – ganz vornean, alles andere totschlagend, das war Hölderlin. Und es gehört zu meinen amüsantesten Erlebnissen der letzten Jahre, daß der rotchinesische Außenminister, der ja in Tübingen studiert hat, beim Essen aus dem ‹Schicksalslied› zitierte. Der war ganz high, als ich dann mitten in der angefangenen Strophe fortgefahren bin. Hölderlin war für mich ganz oben.»[16]

Gemäß Pekinger protokollarischem Brauch war Kohl offiziell nicht Gast des Staates, sondern des Instituts des Chinesischen Volkes für Auswärtige Angelegenheiten. Der stellvertretende Generalsekretär dieser «Fassaden-Organisation»[17] Ma Chia-chun erläuterte ihm nach der Ankunft am 3. September das Programm. Ein erstes Bankett richtete das Institut am 4. September im Restaurant «Garten der reichen Gewässer» aus; Ko Po-nien, einer der beiden Vizepräsidenten des Instituts, hielt die Tischrede. Der *Faust*-Übersetzer Guo, der sich gelegentlich selbst als chinesischer Goethe titulierte, war anscheinend bei keinem der gesellschaftlichen Anlässe des Besuchsprogramms zugegen und konnte demnach nicht kommentieren, dass Kohl «in seiner ersten Bankettrede wie Goethe darüber philosophiert» haben soll, «wo der Unterschied zwischen ‹Mann und Mensch› liege».[18]

Soweit in den Zehntagesplan Vorstellungen Kohls eingingen, zeigte sich der Besucher nach dem Urteil seines Biographen Hans-Peter Schwarz als «Konkretist»: Er wollte «sich vor Ort ein Bild machen, erschnuppern und fotografieren, wie Chinesen in ihren Volkskommunen oder in den Schächten der Untergrundbahn arbeiten».[19] In den offiziellen Unterredungen hatte es Kohl mit geschulten Virtuosen der Dialektik zu tun, die Konkretisierung und Abstrahierung in der Schwebe zu halten verstanden. Die Gesprächsprotokolle in den deutschen Akten, die sich stark auf die Anteile der chinesischen Gesprächspartner konzentrieren, überliefern Sentenzen, in denen der volkstümliche Sound einer gnomischen Prägnanz zuarbeitet. Gegenüber den mitreisenden deutschen Journalisten zeigte sich Kohl beeindruckt von den «frappant offenen Gesprächen»; eine solche Deutlichkeit habe er «weder in Washington noch in Paris erlebt».[20] Erwartungs-

→ Bundesrepublik? Zeitschrift für Parlamentsfragen 37 (2006), S. 611–625, hier S. 624.

12 Vgl. Patrick Bahners: Helmut Kohl. Der Charakter der Macht, München 2017, S. 20.

13 Fernschreiben von Botschafter Rolf Pauls an AA.

14 Chiao Kwan-Hua: Darstellung der Philosophie des Dschuang Dsi, Urach 1937. Die Arbeit wurde 1999 in der Reihe der Arcus-Texte der Ruhr-Universität Bochum unter Beigabe einer chinesischen Übersetzung nachgedruckt. Weihua Du: Deutschlandstudium der Chinesen und seine Einflüsse von 1912 bis 1949, Göttingen 2021, S. 64 gibt irrtümlich Laotse als Promotionsgegenstand an.

15 Josef Riedmiller: Glücksgefühle und eine Schrecksekunde. Aus unterschiedlichen Motiven kommen der CDU-Vorsitzende und seine Gastgeber zu einer ähnlichen Einschätzung sowjetischer Machtpolitik, Süddeutsche Zeitung, 7. September 1974.

16 Zeitmagazin Nr. 35, 30. August 1976.

17 Ulrich Grudinski: Helmut Kohl zwischen «Ping» und «Pong». Der CDU-Vorsitzende besucht die Volksrepublik China, Frankfurter Allgemeine Zeitung, 3. September 1974.

18 Ulrich Grudinski: Chinesischer Realismus für Helmut Kohl, Frankfurter Allgemeine Zeitung, 6. September 1974.

19 Hans-Peter Schwarz: Helmut Kohl. Eine politische Biographie, München 2012, S. 186. Nicht nur das →

→ «anstrengende Sightseeing-Programm» (Süddeutsche Zeitung, 7. September 1974) in der Hauptstadt (Kaiserpalast, Große Mauer, Ming-Gräber) entsprach dem in Mainz aufgesetzten Wunschkatalog, sondern auch die Agenda für Shanghai am 8. und 9. September (Industrieausstellung, Ölraffinerien, Arbeiterwohnsiedlung, Akrobatenvorstellung). Unklar ist nur, ob beim Besuch einer Division der Volksbefreiungsarmee und eines Ausbildungslagers der Volksmiliz am 7. September auch Kohls Neugier auf eine «weibliche Milizeinheit» befriedigt wurde.

20 Ulrich Grudinski: Vom Rücken des Pferdes die Blumen beschauen, Frankfurter Allgemeine Zeitung, 13. September 1974.

21 Deutsche Presse-Agentur, 15. September 1974.

22 Union in Deutschland, Nr. 38/74, 19. September 1974, S. 5.

management für den Parteiführer aus dem Westen, der sich als fortschrittlicher Reformer in seinem Land einen Namen machte, betrieb der Reiseleitungskader Ma, indem er China als «Entwicklungsland» vorstellte, was «bei der Abfolge des Programms zu berücksichtigen» sei. «Das Land befindet sich in der Entwicklung und alles, was gezeigt werde, spiegelt die normale Lage wider.» Qiao brachte den Vorsitzenden der großen Oppositionspartei im Bundestag mit seiner Begrüßungsfrage in Verlegenheit. Sei der Eindruck richtig, dass «sich die Lage in der Bundesrepublik mit der Amtsübernahme des neuen Bundeskanzlers», also des innerhalb des Regierungspersonals der SPD vorgenommenen Austauschs von Willy Brandt gegen Helmut Schmidt am 16. Mai 1974, «zum guten verändert» habe? «Dr. Kohl erwiderte, man müsse dies alles in Nuancen sehen.» Als die Rede auf das diplomatische Spiel der Weltpolitik kam, charakterisierte Qiao einen der maßgeblichen Mitspieler als Berufsspieler mit pathologischen Zügen: Wo China und Deutschland «gemeinsame Interessen» hätten, sei die Sowjetunion «dagegen gewöhnt, ihre Spieleinsätze immer nur auf eine Karte zu setzen».

Nach seiner Rückkehr nach Deutschland hob Kohl am 15. September noch am Frankfurter Flughafen «die positive Haltung der Chinesen zur Unteilbarkeit der deutschen Nation» hervor.[21] Die Überschrift des Reiseberichts im «Informationsdienst der Christlich Demokratischen Union Deutschlands» lautete: «Chinesen halten deutsche Teilung für historisch absurd».[22] Qiao hatte über «die deutsche frage» zu Kohl gesagt, man «muesse bereit sein, sich auf grosse zeitraeume ein[zu]stellen», und ihm in diesem Sinne «ein chinesisches Sprichwort» mit auf den Rückweg gegeben: «Nach langer Teilung kommt wieder die Einheit. Man darf nur keine Hast an den Tag legen.» Maßstab des Urteils über historische Absurdität und Sinnhaftigkeit war für Qiao die Geschichte des eigenen Landes, deren Länge solchen Urteilen eine besondere Sicherheit verlieh. «Unser Land war in der Geschichte häufig geteilt. Historisch betrachtet war dies eine kurze Epoche – wie die Dauer einer Blüte.» Dialektische Schulung, geschichtsphilosophische Gelassenheit, vielleicht aber auch Qiaos Berufserfahrung bei einer Nachrichtenagentur, mag ihm den poetischen Überraschungseffekt dieser Naturmetapher für die

Negativepisoden der Nationalgeschichte eingegeben haben: Unter einer Blütezeit versteht man jedenfalls im bürgerlichen Geschichtsdenken das Gegenteil. An Maos Imperativ «Lasst hundert Blumen blühen» aus einer Rede vor Parteiführern im April 1956 musste man achtzehn Jahre später bei Ausflügen in die politische Floristik offenbar nicht mehr automatisch denken, obwohl Guo Moruo 1958 einen Gedichtband mit 101 Variationen auf die Losung des Vorsitzenden herausgebracht hatte.[23] Auch beim Blick auf die zukünftige Geschichte hatte es Qiao auf die beruhigende Wirkung einer langfristigen Perspektive abgesehen, den Blick über den Blütenstaub von Krieg und Teilung und alles Ungewisse von Hyperions Schicksal hinaus. Was das Verhältnis zur Sowjetunion betraf, so wollte Qiao nicht einmal die «Gefechte» am Grenzfluss Ussuri 1969 als Indiz für «große Spannungen» nehmen. «Wir streiten miteinander und sind nach Mao 8000 Jahre dazu bereit.»

Vizepremier Deng, in den Unterlagen der Botschaft als «Opfer der Kulturrevolution» vorgestellt, entschuldigte den Premier Zhou bei Kohl: Wäre er «nicht erkrankt, hätte er Sie gerne empfangen». So fiel es Deng zu, vor Kohl das Lob Konrad Adenauers zu singen, der in seinen Memoiren die von Nikita Chruschtschow schon 1955 ausgesprochene Warnung vor der «gelben Gefahr» überliefert habe – und damit die Ankündigung der antichinesischen Wendung der sowjetischen Politik.[24] Dieselbe Stelle aus Adenauers Erinnerungen führte Deng an, als er drei Jahre später, ein Jahr nach Maos Tod, den CDU-Bundestagsabgeordneten Manfred Wörner empfing, den späteren Verteidigungsminister Kohls.[25] Der dialektischen Einsicht im Geist der klassischen Kunst des Krieges, dass sich in der sowjetischen Einladung zur Gefahrenabwehr die echte Gefahr verberge, gab Deng im Gespräch mit Kohl die Gestalt eines Witzes, einer rhetorischen Frage nach dem Auslöser des Sturzes des Kanzlers Brandt: «Ist Guilleaume eine gelbe Gefahr?»[26] Mit Tiervergleichen bebilderten die chinesischen Regierungsvertreter die russische Bedrohung. Laut Qiao wollte die Sowjetunion «China in ein Pferd verwandeln, um darauf reiten zu können». Und Deng redete der Einigung Europas das Wort, weil ein einzelnes Land «nicht in der Lage» sei, «dem Polarbären zu begegnen». Nach dem Eindruck des Be-

23 Siehe Dayton Lekner: A Chill in Spring: Literary Exchange and Political Struggle in the Hundred Flowers and Anti-Rightist Campaigns of 1956–1958, Modern China 45 (2019), S. 3–122.

24 Konrad Adenauer: Erinnerungen 1953–1955, Stuttgart 1966, S. 528. Qiao sprach Adenauer gegenüber Kohl den Dank der Volksrepublik dafür aus, dass die Bundesrepublik keine diplomatischen Beziehungen zu Taiwan aufgenommen habe.

25 Akten zur Auswärtigen Politik der Bundesrepublik Deutschland 1977, Bd. 1, München 2008, S. 1247 (Nr. 256, 25. September 1977: Botschafter Erwin Wickert an Auswärtiges Amt).

26 Günter Guillaume, Persönlicher Referent des Bundeskanzlers, wurde als Offizier im besonderen Einsatz des Ministeriums für Staatssicherheit der DDR enttarnt und am 24. April 1974 verhaftet.

richterstatters der *Süddeutschen Zeitung* fand Kohl durch das Gespräch mit Deng sein «persönliches Gleichgewicht» wieder, das durch die Enttäuschung seiner Erwartung von Terminen bei Mao und Zhou «ins Wanken geraten war».[27]

Am 2. Januar 1975 erschien in der Illustrierten *Quick* ein Interview mit Franz Josef Strauß über dessen bevorstehende Chinareise.[28] Die Interviewer stellten fest, dass er als «einer der ersten in der CDU/CSU» die Notwendigkeit einer Verbesserung des Verhältnisses zu China erkannt habe, und fragten: «Warum sind Sie nicht als erster gefahren?» Warum fuhr er nach Helmut Kohl? Die Antwort von Strauß: «Ich habe mich nie vorgedrängt.» Die chinesische Botschaft habe ihn über die Absicht der chinesischen Regierung, ihn einzuladen, am Tag des Rücktritts von Willy Brandt in Kenntnis gesetzt. Gleichzeitig mit Strauß traf am 12. Januar 1975 in Peking ein Telegramm aus dem Auswärtigen Amt in der deutschen Botschaft ein: «bitte bei fs-bericht ueber besuchsverlauf auch protokollarische behandlung einbeziehen und mit ablauf besuchen kohl, heath und mansfield vergleichen».[29] Die Peking-Besuche deutscher antikommunistischer Oppositionspolitiker waren dadurch ermöglicht worden, dass die Chinapolitik von Richard Nixon und Henry Kissinger das die Weltpolitik bestimmende Dreiecksverhältnis der Supergroßmächte Sowjetunion, USA und China in Bewegung gebracht hatte. Auf der Innenseite der deutschen Politik wurden Detailfragen des Pekinger Protokolls erheblich für den Prestigewettstreit in einem anderen Mächtedreieck: Bundeskanzler Schmidt hatte seinerseits eine Chinareise ins Auge gefasst und musste sich dafür interessieren, wie die beiden Rivalen um die Position seines Herausforderers im Bundestagswahlkampf 1976 in Peking behandelt wurden.[30]

Auch Strauß war vom Institut für Auswärtige Angelegenheiten eingeladen worden, wurde aber «in einem intimen Gästehaus» der Regierung untergebracht, wo «sein Oppositionskollege Helmut Kohl» eben noch mit «einem Hotelzimmer» hatte «vorliebnehmen» müssen: Gardinenwechsel als «Geste einer bewußten Unterscheidung».[31] Das Programm, das Strauß bei der Ankunft mitgeteilt wurde, sah ein Gespräch mit Qiao vor, der im November 1974 zum Außenminister befördert worden war. Auf

27 Süddeutsche Zeitung, 7. September 1974.

28 Bruno Bandulet, Paul W. Limbach: «Herr Strauß, was wollen Sie eigentlich in China?», Quick Nr. 2/1975.

29 Reise CSU-Vorsitzender Dr. Franz-Josef Strauss nach China (12.1.–24.1.75 + 15.9.–19.9.75), Politisches Archiv des Auswärtigen Amtes, Nr. 303-321.35-CHN. Edward Heath, ehemaliger britischer Premierminister und konservativer Oppositionsführer im Unterhaus, besuchte Peking im Mai 1974, Mike Mansfield, demokratischer Mehrheitsführer im amerikanischen Senat, im Dezember 1974.

30 In einer dreiseitigen Analyse des Strauß-Besuchs mit Datum des 20. Januar 1975 zog das China-Referat im AA die Konsequenzen für die Reisepläne des Kanzlers.

31 Ulrich Grudinski: Strauß liegt den Chinesen. Peking schätzt die Haltung des CSU-Chefs gegenüber der Sowjetunion, Frankfurter Allgemeine Zeitung, 13. Januar 1975. Botschafter Pauls meldete am 15. Januar nach Bonn, dass er die Gründe für diese Abweichung vom Üblichen nicht kenne.

einen Besuch in Shaoshan in der Provinz Hunan, dem Geburtsort von Mao, der von chinesischer Seite «in parallele zu dem besuch des cdu-vorsitzenden kohl» vorgeschlagen worden war, verzichtete Strauß. Er traf zwei weitere Gesprächspartner Kohls: Deng, im Programm angekündigt als «eine ‹fuehrende persoenlichkeit des chinesischen staates›», und Yao Yilin. Wie für Kohl hatte Deng für Strauß anderthalb Stunden übrig. Als Strauß gegenüber Deng «die krisis um breschnew» hervorhob, erwiderte der Vizepremier, «dass natuerlich persoenlichkeiten den gang der politischen dinge stark beeinflussten, die weiterentwicklung der sowjetischen politik aber nicht von der einen oder anderen persoenlichkeit abhaenge, sondern einer gesetzmaessigkeit unterliege, die weit in die zaristische zeit zurueckreiche». Am 16. Januar wurde Strauß in Anwesenheit Dengs von Mao empfangen, der ihn «mit seinem eigenen Titel» als «Herr Vorsitzender» anredete.[32] Wie Botschafter Rolf Pauls nach Bonn berichtete, wurde der Besuch «ueberraschend anberaumt», nach der Besichtigung der Großen Mauer und der Ming-Gräber. Er fand an einem Ort statt, den Strauß gegenüber der Botschaft geheim hielt, mutmaßlich am «winterwohnsitz» Maos außerhalb von Peking. Auch das benutzte Verkehrsmittel – wahrscheinlich war man geflogen – durfte Strauß nicht offenbaren; er verriet aber, dass er sich «im Affentempo» hatte umziehen müssen.[33] Es folgte am späten Abend ein Gespräch mit Ministerpräsident Zhou Enlai im Krankenhaus, dem zuliebe Strauß dem Presse-Empfang fernblieb, den die Botschaft zu seinen Ehren gab. Der Botschafter resümierte: «mit dem empfang durch den vorsitzenden mao tse-tung und chou en-lai ist trotz sonst gleichen protokollarischen ranges der besuch von herrn strauss gegenueber dem von min.praes. kohl stark hervorgehoben. herr kohl hat beide chinesischen staatsmaenner nicht gesehen.» In Bonn dementierte Regierungssprecher Klaus Bölling, dass Bundeskanzler Schmidt über den Empfang von Strauß durch Mao verstimmt sei. Das Ereignis zeige, «wen man in Peking als den wichtigsten Politiker der Union einschätzt».[34] Nach der Ankunft in Hongkong am 24. Januar gab Strauß deutschen Fernsehjournalisten ein Interview, in dem er die Prognose äußerte, dass Deng «in Zukunft in China eine entscheidende Rolle spielen werde».

32 Ulrich Grudinski: Strauß sieht in seinem Treffen mit Mao «mehr als eine Geste». «Konkordanz der Meinungen»/ Begegnungen mit der ganzen Pekinger Führung/China-Rundreise, Frankfurter Allgemeine Zeitung, 18. Januar 1975.

33 Frankfurter Allgemeine Zeitung, 18. Januar 1975.

34 Deutsche Presse-Agentur, 16. Januar 1975.

Über die Reise von Strauß erschien am 30. Januar 1975 eine reißerische Reportage im *stern*,[35] die mit mehreren Zitaten aus dem Fernschreibverkehr zwischen Botschaft und Auswärtigem Amt auch den Umstand offenlegte, dass Strauß sich die Anwesenheit des Botschafters bei der Unterredung mit dem Außenminister verbeten hatte.[36] Das Gespräch mit Deng brachte die Überschrift in zeittypischer Witzigkeit auf die physiognomische Formel vom «Bündnis zwischen Schlitzohr und Schlitzauge». Die *stern*-Reporter konnten auch die Rezeption der Reise in Deutschland mit farbigen O-Tönen ausmalen. CSU-Generalsekretär Gerold Tandler hatte demnach über die Audienz bei Mao gesagt: «Da wird der Herr Kohl jetzt Magengeschwüre kriegen.» Kohl hingegen hatte «im Kreise seiner Vertrauten» in alteuropäischer Ausgeruhtheit deutlich gemacht, dass ihm die Nachrichten über den Nacht-und-Nebel-Aktionismus ganz und gar nicht auf den Magen geschlagen waren: «Kanzlerkandidaten-Krönung in Peking? Das sehe ich nicht.» Im Heiligen Römischen Reich beanspruchte der Erzbischof von Mainz das Privileg des Coronators. Die chinesischen Aspiranten auf diese Rolle stellte Kohl als nicht satisfaktionsfähig hin. Mao sei «im Grunde nur noch eine Statue» und Zhou Enlai «ein alter kranker Mann».

Im Stil eines Historiengemäldes beschrieb der *stern*-Artikel, wie sich die Abreise von Strauß aus China nach dessen Planung hätte abspielen sollen: «Gestärkt von seinem Erfolg, den er selbst als ein ‹historisches Ereignis von superdimensionalen Ausmaßen› empfand, wollte er den Fluß Scham Kun wie Cäsar den Rubikon überschreiten: Nun sollte es kein Zurück mehr geben, nun sollte der Marsch auf Bonn beginnen.» Vielleicht hatte Kohls Ghostwriter Heribert Schwan den Artikel noch einmal gelesen, als er die Disposition für die Memoiren-Kapitel zum Jahr 1975 traf.

Ein Jahr nach der Reise von Strauß, am 14. Januar 1976, sagte Kohl im CDU-Bundesvorstand: «Wir sehen die stürmische Veränderung in China, auch im personellen Bereich. Sie sehen, wie kurzlebig die Prognosen sind. Als ich im September [1974], vor jetzt also eineinhalb Jahren, dort war und damals das erste Gespräch eines Westlers mit dem jetzigen Ministerpräsidentenanwärter Deng hatte, waren die großen Fachleute der deutschen

35 Verfasst von Peter Koch und Arnim von Manikowsky. In Hongkong hatte Kohl Reportern von «Stern» und «Spiegel», die ihn dort erwarteten, Interviews verweigert. Bundesaußenminister Genscher wurde am 30. Januar auf dem Dienstweg über die als «bemerkenswert» eingestuften «Zitate aus Unterlagen des Auswärtigen Amts» unterrichtet. Strauß nutzte den Vorgang für eine Kleine Anfrage an die Bundesregierung (BT-Drucksache 7/3395).

36 Vergeblich hatte Botschafter Pauls Strauß zu bedenken gegeben, dass «ministerpraesident kohl» von ihm «zu diesen unterredungen begleitet worden» sei.

Chinapolitik übereinstimmend der Meinung, das sei ein Gespräch mit einem viertklassigen Mann. Ich will nur sagen, auch an diesem Beispiel kann man sehen, wie rasch sich hier die Perspektiven doch verändern.»[37] Am 19. Juni 1975 hatten die Präsidien von CDU und CSU Kohl in einer gemeinsamen Sitzung zum Kanzlerkandidaten erhoben. Das wahre Schlitzohr war früher zur Stelle gewesen.

Ende 1972, bevor Kohl den durch das Scheitern des konstruktiven Misstrauensvotums gegen Brandt fatal geschwächten CDU-Vorsitzenden Barzel herausforderte, brachte Willy Zirngibl, Bonner Bürochef der SPD-nahen *Westdeutschen Allgemeinen Zeitung*, ein Büchlein mit einem Interview mit Kohl heraus. Die erste Frage in *gefragt: Helmut Kohl* lautete: «Wer immer versucht, Sie zu beschreiben, verwendet die Adjektive ‹pragmatisch, undogmatisch, dynamisch, hemdsärmelig, ehrgeizig, wortgewandt›. Halten Sie diese Art von Charakterisierung für zutreffend, oder in welchem Punkt möchten Sie sie korrigieren?» Kohl verwahrte sich in seiner Antwort gegen die Interpretation von «pragmatisch», die er aus der Frage heraushörte, sagt im Übrigen aber: «Ich habe gegen keines der sonst genannten Prädikate einen grundsätzlichen Einwand.»[38] Der Mainzer Korrespondent der *Frankfurter Allgemeinen Zeitung* berichtete Ende 1973 über das Bemühen des «hier als etwas hemdsärmelig apostrophierten Ministerpräsidenten», sich auch nach seiner Wahl zum Bundesvorsitzenden als Landesvater zu profilieren.[39] Bei der Besichtigung der Großen Mauer am ersten Tag nach der Ankunft in Peking ließ Kohl es sich nicht nehmen, bei einer Temperatur über 30 Grad «den höchstgelegenen Beobachtungsturm» zu erklettern, «eine Konditionsübung, der sich in der glühenden Sommerhitze nur wenige Touristen aus dem Abendland unterziehen».[40] Kohl wollte alles im Auge behalten und ließ sich in China durch Vermittlung der Botschaft «täglich eine kurze Unterrichtung über innenpolitische Ereignisse in Rheinland-Pfalz (etwa 1 DIN A 4-Seite)» zukommen. Hemdsärmelig konnte er dem Großen Vorsitzenden, der zu seinem eigenen Standbild geworden war, in kecker Touristenmanier den Rücken zudrehen.

37 Kohl: «Wir haben alle Chancen». Die Protokolle des CDU-Bundesvorstands 1973–1976. 2. Halbband: 1975–1976. Bearbeitet von Günter Buchstab, Düsseldorf 2015, S. 1628 (Nr. 28, 14. Januar 1976).

38 Willy Zirngibl: gefragt: Helmut Kohl, Bonn 1972, S. 9.

39 Walter Kopp: Das Jahr der Landespolitik in Rheinland-Pfalz, Frankfurter Allgemeine Zeitung, 31. Oktober 1973.

40 Süddeutsche Zeitung, 7. September 1974.

Bildnachweis:
Abb. 1: Foto: Heinz Wieseler, © picture alliance/dpa. – Abb. 2: Cover des «stern magazin», Heft Nr. 6, Hamburg, 30. Januar 1975.

Denkbild

Barbara Wittmann

Arbeit an der Werkherrschaft

Zu Antonio Canovas Gipsothek in Possagno

Das Grab im Museum

Im Zentrum eines besonders eindrucksvollen monographischen Museums, dem *Thorvaldsens Museum* in Kopenhagen, befindet sich ein rechteckiges Blumenbeet *(Abb. 1)*. Es handelt sich hierbei keineswegs um den Versuch, die neo-ägyptische Architektur des Innenhofs durch vegetabiles Beiwerk zu verlebendigen. Vielmehr liegt hier der Künstler selbst begraben – mitten in einem Gebäude, das ausschließlich der Präsentation seiner Modelle, Werke und seiner Sammlungen dient. Handelt es sich bei diesem Gebäude um den höchst seltenen, vermutlich einzigartigen Bautyp eines Museums mit eingebettetem Künstlergrab? Oder haben wir es mit einem «monumentale[n] Grabmal in Form eines Museums» zu tun?[1]

Das Œuvre eines Künstlers liegt in metaphorischer, hier sogar buchstäblicher Nähe zur Gruft, da jede Vorstellung von den *opera omnia* den eigenen Tod vorwegnimmt und eine posthume Perspektive auf das eigene Schaffen entwirft. Die in der Retrospektive und im Personalmuseum offengelegte Spekulation auf kulturelle Autorität bewirkte im 19. Jahrhundert nicht nur eine Stiftung von Künstlerkulten und nationalen Erinnerungsorten; sie begleitete und beförderte gleichzeitig einen zunehmend kunsthistorischen Blick des Publikums und der Künstler auf ihr eigenes Schaffen. Dieser Blick richtete sich nun nicht mehr allein auf das Einzelwerk, sondern bevorzugt auf den chronologischen und systematischen Zusammenhang zwischen Bildern oder Skulp-

1 Tabea Schindler: Bertel Thorvaldsen – celebrity. Visualisierungen eines Künstlerkults im frühen 19. Jahrhundert, Berlin/Boston 2021, S. 374.

turen, und zwar – wie der Literaturwissenschaftler Steffen Martus das treffend für die philologische Rezeption formuliert hat – «mit tendenziell selektionsloser Aufmerksamkeit».[2]

Die zunehmende Präsentation von Lebenswerken in und durch monographische Ausstellungen und Museen ermöglichte die Entstehung eines emphatischen Werkverständnisses, das über das Einzelwerk hinausgeht. Das Œuvre als Produkt dieser Inszenierung ist ein Kunstwerk zweiter Ordnung, da die einzelnen Arbeiten chronologisch wie systematisch in einen Gesamtzusammenhang gefügt werden und so Teile eines neuen Deutungshorizonts bilden. Es ist dabei keineswegs von einem stabilen Verhältnis zwischen dem Werk und den Werken auszugehen. Im Gegenteil: die Relation zwischen beiden stellt sich als hochdynamisches und komplexes Beziehungsgefüge dar, in dem die falsche Sicherheit eines Werkbegriffs autonomieästhetischer Provenienz weder für die einzelnen Produkte künstlerischen Schaffens behauptet noch auf den Zusammenhang zwischen ihnen übertragen werden kann.

2 Steffen Martus: Werkpolitik. Zur Literaturgeschichte kritischer Kommunikation vom 17. bis ins 20. Jahrhundert mit Studien zu Klopstock, Tieck, Goethe und George, Berlin/New York 2007, S. 2.

3 Dazu allgemein: Giuseppe Pavanello: The Gipsoteca, in: Canova, hg. v. Museo Correr u. Museo Canoviano, New York 1992, S. 360–367; Johannes Myssok: The Gipsoteca of Possagno: From Artist's Studio to Museum, in: Sculpture and the Museum, hg. v. Christopher R. Marshall, Farnham u. a. 2011, S. 15–37.

Abb. 1
Werkkult mit Blumenbeet – C. O. Zeuthen: Der Innenhof des Thorvaldsens Museum, 1847. Öl auf Leinwand, 19,9 x 25,5 cm. Thorvaldsens Museum, Kopenhagen.

Abb. 2
Innenansicht der Gipsothek mit Antonio Canovas Modellen. Neuaufstellung der Skulpturen von Carlo Scarpa (1957), 2023, Possagno.

Von der Musealisierung des Ateliers zur Werkschau im Museum

Bei Thorvaldsens Museum handelt es sich um die erste Ausstellung eines Gesamtwerks, die ein Künstler selbst noch gründen und mitplanen konnte. Schon fast ein Jahrzehnt zuvor hatte allerdings die kunsthistorische Würdigung eines anderen prominenten Klassizisten, des aus Norditalien stammenden Bildhauers Antonio Canova, eine monumentale Form gefunden. Nach seinem Tod im Oktober 1822 ließ sein Halbbruder und Sekretär Giambattista Sartori im Geburtsort des Künstlers, dem venetischen Dorf Possagno, eine Gipsothek mit einer ständigen, annähernd lückenlosen Präsentation seines Œuvre errichten *(Abb. 2)*. Sie gilt als erstes Personalmuseum der Kunstgeschichte.[3] Bereits zu Lebzeiten hatte Canova sein Atelier in der Via San Giacomo in Rom in eine museumsartige Schau seines gesamten Werks verwandelt. Ein prominenter zeitgenössischer Besucher des Studios, der Kunsttheoretiker Carl Ludwig Fernow, hob diesen Aspekt 1803 besonders hervor:

«In Canova's Werkstat [...] die mehrere geräumige Studiensäle umfasst findet sich beinahe Alles beisammen, was von heutiger Skulptur in Rom zu sehen ist; [...] Man sieht dort immer neue Werke unter den Meisseln der Arbeiter hervorgehen, andere bereits vollendet, andere der Beendigung nahe, und auch von den bereits versendeten findet man noch die Gipse aufgestellt, so dass man so ziemlich Canova's ganze Kunst von ihrem Entstehen bis jetzt in seinen Studiensälen beisammen sieht, welches den Besuch derselben noch interessanter und lehrreicher macht.»[4]

Die Möglichkeit dieses Personalmuseums *avant la lettre* beruhte – wie Johannes Myssok gezeigt hat – auf einer innovativen Werkstattpraxis:[5] Statt kleinformatige Modelle in größere Skulpturen zu übersetzen, ging Canova während der Arbeiten am Grabmal Clemens' XIV. dazu über, zuerst 1:1-Modelle der kolossalen Figuren aus Ton zu modellieren, sie dann in Gips abzugießen, um sie so dauerhaft im Atelier zu bewahren. Die Möglichkeit der Sichtbarwerdung eines Gesamtwerks ist unmittelbar daran gebunden, dass ein Künstler im Besitz seiner Werke bleibt oder sich diese durch Reproduktion wieder aneignet. Abgesehen von eigenhändigen graphischen oder druckgraphischen Reproduktionen gab es bis Canova keine Formen, um im Besitz seiner Werke zu bleiben und sie gleichzeitig erfolgreich zu verkaufen. Die dynamische Verschiebung im Verhältnis von Original und Reproduktion, die in der Werkstatt Canovas erprobt wurde, führte dazu, dass in den Gipsabgüssen die ursprünglichen Entwürfe überlebten und nun erstmals ein Künstler sein Werk – zumindest potentiell – lückenlos sammeln konnte. Genau genommen erhielten die Auftraggeber seit den 1780er Jahren in Stein gehauene Kopien, während der Bildhauer alle Originale in Gips behielt.

Auf der Basis dieser Praxis verwandelte Canova sein Studio in eine permanente Ausstellung von Modellen, die von interessierten Besuchern bestellt und sodann in Stein ausgeführt werden konnten. Die Präsentation dieser Modelle unterlag zusätzlichen kuratorischen Eingriffen. In seinen letzten Lebensjahren wurde sie zunehmend eingeschränkt, vermeintlich mangelhafte Skulpturen wurden ausgesondert und der Ort der Produktion damit fast vollständig in ein Museum verwandelt. Canovas Atelier beförderte eine Komparatistik des Blicks, da es den Vergleich von Werken und Varianten der gesamten Karriere und ihrer Entwicklung ermöglichte.[6] Das künstlerische Projekt führte mehr oder weniger schwellenlos in die historische Aufarbeitung und Würdigung.

4 Carl Ludwig Fernow: Über den Bildhauer Canova und dessen Werke, in: ders.: Römische Studien, 1. Teil, Zürich 1806, S. 11–248, hier S. 17 f.

5 Hierzu und im Folgenden: Myssok: The Gipsoteca of Possagno, S. 16 f.

6 Ebd., S. 17.

7 Vgl. dazu Heinfried Wischermann: Canovas Pantheon – Überlegungen zum Tempio Canoviano von Possagno, in: Architectura 10 (1980), S. 134–163; Oskar Bätschmann: Ausstellungskünstler. Kult und Karriere im modernen Kunstsystem, Köln 1997; Mario Guderzo: Canova. La venerazione della scultura, in: Stefano Grandesso/Fernando Mazzocca: Canova. Thorvaldsen. La nascita della scultura moderna, Ausst. Kat. Gallerie d'Italia – Piazza Scala, Mailand 2019, S. 97–105, hier S. 98 ff.

8 Wischermann: Canovas Pantheon, S. 158 f.

9 Pavanello: The Gipsoteca, S. 366, Anm. 1; Myssok: The Gipsoteca of Possagno, S. 20; Johannes Myssok: Canovas Testamente, in: Nicole Hegener/Kerstin Schwedes (Hg.): Der Künstler und sein Tod. Testamente europäischer Künstler vom Spätmittelalter bis zum 20. Jahrhundert, Würzburg 2012, S. 231–255.

10 Vgl. die Argumente für diese Urheberschaft bei Myssok: The Gipsoteca of Possagno, S. 20 f.

Abb. 3
Blickachse zwischen Grab und Werk – Edoardo Sonzogno: Der Tempio Canoviano in Possagno, 1864.

Canova konzentrierte sich nun zunehmend auf die Sicherung seiner posthumen Fama. Abgesehen von der Musealisierung seines Ateliers und der Dissemination seines bildhauerischen Schaffens in druckgraphischen Reproduktionen, begann er in den letzten Jahren seines Lebens mit großer Energie eine neue Pfarrkirche für Possagno zu entwerfen, die als monumentaler Memorialbau seine letzte Ruhestätte aufnehmen sollte *(Abb. 3)*.[7] Es ist unklar, ob Canovas Pläne für diesen *Tempio Canoviano* bereits seine Grablege einschlossen, aber durchaus wahrscheinlich.[8] Ebenso kann nicht mehr geklärt werden, ob der Bildhauer selbst schon einen Umzug seiner Gipse aus dem römischen Atelier in ein eigens dafür errichtetes Museum in Possagno beabsichtigte. In einem Testament von 1815 verfügte er, dass sein Assistent Antonio d'Este mit seinem Sohn Alessandro die Möglichkeit erhalten sollte, im Studio zu arbeiten, was darauf hinzudeuten scheint, dass er zumindest einen teilweisen Verbleib seiner Gipsmodelle im Atelier wünschte, um die posthume Weiterführung seiner Arbeit zu ermöglichen.[9] Es kann davon ausgegangen werden, dass die Idee und Planung des Umzugs der Gipse nach Possagno auf Canovas Halbbruder und Universalerben, einen humanistisch gebildeten Kleriker, zurückzuführen sind.[10] 1828 bis 1831 wurden die Gipsmodelle jedenfalls gemeinsam mit Skizzen und (kleinformatigen) *bozzetti* aus Ton und Terrakotta aus dem Studio nach Possagno überführt, 1834 begannen die Arbeiten an der Gipsothek, die zwei Jahre später fertiggestellt werden konnten.[11]

In Possagno fallen also Grab und Werkpräsentation nicht unmittelbar zusammen, sondern erhalten zwei eigens gestaltete Orte, wobei der *Tempio Canoviano* auf einem Hügel 400 Meter vom Geburtshaus entfernt errichtet wurde, während die Gipsothek im Garten und damit der unmittelbaren Nähe zum Haus der Familie liegt. Das Werk bleibt hier also zumindest räumlich auf Dauer mit dem Leben verknüpft.[12] Den *Tempio* und die *Gipsothek* verbindet eine markante Achse, die von Besuchern auf dem Weg zur letzten Ruhestätte über Treppen und eine leicht ansteigende Triumphstraße beschritten wird. Der Canova-Pilger kann hier die Metapher vom Lebensweg physisch nachvollziehen.

Betritt man heute die Gipsothek, so fällt die gleichmäßige Helligkeit und formale Geschlossenheit des Ensembles unmittelbar ins Auge. Der venezianische Architekt Francesco Lazzari hat im Innenraum auf Ornamentik ebenso wie auf farbige Fassung der Wände verzichtet. Die Statuen, Büsten und Reliefe müssen sich nicht dem Bauschmuck unterordnen, wurden aber gleichwohl nach einem dekorativen Ordnungsprinzip in den drei durch Zwischenwände und Rundbögen strukturierten, jeweils quadratischen Sektionen des klassizistischen Baus aufgestellt respektive an den Wänden montiert. Tatsächlich handelt es sich bei der Gipsothek um keine vollständige Sammlung von Canovas Gipsmodellen, da Sartori aus Platzgründen einige bereits zuvor an das *Museo Civico* in Bassano del Grappa und an die *Accademia di Belle Arti* in Venedig gegeben hatte.[13] Dennoch vermittelt die weitgehend symmetrische Anordnung der Figuren im Raum eine Wirkung der Vollständigkeit und organischen Einheit.

Vom Pantheon zum Œuvre

Bis zum Umbau und zur Neuaufstellung der Figuren durch den Architekten Carlo Scarpa (1957) fand in der apsisartigen Nische des Saalbaus das Modell einer für den Petersdom geplanten *Religio* Aufstellung *(Abb. 4)*. Abgesehen von diesem Fokus auf den katholischen Künstler, zeichnet sich die Präsentation dadurch aus, dass alle anderen Werke fast gleichrangige Aufmerksamkeit er-

11 Mario Guderzo: Canova's Places. The Birthplace and the Gypsotheca, in: Museum Gypsotheca Antonio Canova, Mailand 2022, S. 20–22, hier S. 22.

12 Tatsächlich hatte Canova nach seiner Kindheit nur kurze Perioden in dem norditalienischen Dorf verbracht: 1792 zur Erholung, 1810 auf der Durchreise nach Paris sowie während der französischen Besetzung Roms 1798/99. Vgl. Guderzo: Canova's Places, S. 21.

13 Christina Ferando: «Plasmati dalle sue mani». Canova's Touch and the Gipsoteca of Possagno, in: Alternative Venues: Artists' Solo Shows and Other Exhibits, hg. von Andrew Graciano, London/Vermont 2015, S. 111–130. 2015, S. 115; Myssok: Canovas Testamente, S. 252, Anm. 101.

14 Zu den eschatologischen Implikationen des Oberlichts vgl. Jörg Traeger: Monument, Museum, Mausoleum. Aspekte neoklassizistischer Unsterblichkeit, in: Francis Haskell (Hg.): Saloni, gallerie, musei e loro influenza sullo sviluppo dell'arte dei secoli XIX e XX. Atti del XXIV Congresso Internazionale di Storia dell'Arte 7, Bologna 1981, S. 37–47, hier S. 42.

Abb. 4
Innenansicht der Gipsothek mit dem Modell einer für den Petersdom geplanten «Religio» im Zentrum, Possagno, Anfang des 20. Jahrhunderts, Photographie.

halten und die Universalität des Bildhauers in allen Themen und Gattungen der Bildhauerei demonstrieren. Aufgrund der in der ersten Hälfte des 19. Jahrhunderts hochinnovativen Entscheidung für die ausschließliche Beleuchtung durch Oberlicht, erstrahlen alle Gipse in nahezu gleicher Helligkeit, was die enthierarchisierende Wirkung der dekorativen Aufstellung verstärkt. Der Einfall des Lichts durch Öffnungen in der Decke, die an den Oculus des römischen Pantheon erinnern, sowie der Entzug der Farbigkeit bewirken eine Entrückung der Präsentation aus den irdischen Bedingungen von Raum und Zeit.[14] Diese Distanzierung von Geschichte und Gegenwart zeigt sich nicht zuletzt auch in dem Umstand, dass die Gipsothek die Abhängigkeit des Künstlers von religiösen und politischen Instanzen aufhebt, indem sie das Verhältnis von Auftraggeber und Auftragnehmer umkehrt.

Auf den ersten Blick meint der Besucher ein Pantheon des späten 18. und frühen 19. Jahrhunderts betreten zu haben: Pius VI. trifft auf George Washington, Maria Christina Erzherzogin von Österreich auf Paolina Borghese Bonaparte, der frankophobe Dichter Vittorio Alfieri auf Napoleon, Angelo Emo – der letzte große Admiral Venedigs – auf Juliette Récamier und die antike Dichterin Korinna. Und mittendrin im illustren Kreis der gekrönten, berühmten oder exemplarischen Damen und Herren: die kolossale Büste des Bildhauers selbst. Canova hatte in Rom – wie einst Raffael – nicht nur die Funktion des päpstlichen Antikenkonservators inne, er betrieb auch die durch Raffaels Bestattung im Pantheon initiierte Transformation von Santa Maria ad Martyres in einen Ruhmestempel hervorragender Künstler weiter: Ab 1804 erhielt er von Pius VII. die Erlaubnis, Ehrenbüsten zu installieren; nach zehn Jahren und nachdem über 60 Büsten berühmter Maler, Bildhauer, Dichter und Wissenschaftler aufgestellt worden waren, 41 davon auf Canovas Kosten, befahl der Papst dann allerdings die Räumung.[15] Die kirchlichen Entscheidungsträger hielten die eigentliche Funktion des Pantheon als unvereinbar mit seiner zunehmenden Indienstnahme als Gedenkort illustrer Männer, nicht zuletzt da zumindest einige der geehrten Köpfe, wenn nicht als Häretiker so doch als Kritiker der papalen Politik bzw. der katholischen Kirche gelten konnten. Vermutlich sahen die Verantwortlichen auch Canovas offensichtliche Instrumentalisierung von Santa Maria ad Martyres als künftigen Ort des eigenen Vermächtnisses als zunehmend untragbar. Nachdem die Stiftung seiner kolossalen, acht Meter hohen *Religio* für den Petersdom abgelehnt wurde (deren Modell einst wie erwähnt in der Konche der Gipsothek in Possagno stand, vgl. *Abb. 4*), schlug Canova ihre Aufstellung im Pantheon vor; die allegorische Figur hätte den Raum ähnlich wie ein Kultbild einen antiken Tempel, als der der antike Rundbau ja ursprünglich errichtet worden war, dominiert. Zusammen mit den Büsten großer Männer, die teilweise von Canova selbst, größtenteils von seinen Schülern stammten und allesamt nicht nur mit den Namen der Portraitierten, sondern auch ihrer Schöpfer und ihres Stifters (also im Großteil der Fälle «Canova») beschriftet waren, hätte die monumentale Skulptur den Zentralbau unversehens in eine «celebration of his own artistic career and its contextualisation in a selectively retrieved history of art» verwandelt.[16] Das Gesuch des Bildhauers, selbst im Pantheon beigesetzt zu werden, worauf er aufgrund seiner Ämter als prominentes Mitglied der *Accademia di San Luca* und als *Ispettore Generale delle Belle Arti ed Antichità dello Stato Pontificio* mit guten Gründen spekuliert hatte, wurde 1818 folgerichtig abgelehnt.[17]

Da es sich bei vielen der in Possagno ausgestellten prominenten Monarchinnen, Staatsmänner, Militärs, Künstler und Dich-

15 Eveline G. Bouwers: A Papal Pantheon? Canova's ‹illustrious› Italians in Rome, in: dies.: Public Pantheons in Revolutionary Europe. Comparing Cultures of Remembrance, c. 1790–1840, Basingstoke, Hampshire 2012, S. 132–160.

16 Ebd., S. 155.

17 Wischermann: Canovas Pantheon, S. 158 f.

terinnen um Modelle für Grab- und Denkmäler handelt, trägt die gesamte Präsentation Züge eines Pantheons, allerdings eines invertierten: Gezeigt werden nicht die steinernen Figuren aus dem Besitz der glanzvollen Käufer und Mäzeninnen Canovas, sondern ihre gipsernen Köpfe und Portraits, die sich immer schon und unveräußerlich im Atelier und Werk des Bildhauers befanden. Die Sepulkralskulpturen dienen hier nicht mehr dem Gedenken an die großen Männer und Frauen, für die sie geschaffen wurden. Die Auftragswerke kehren vielmehr ins Œuvre des Mannes zurück, der sie geschaffen hat und dessen Tod sie immer schon vorweggenommen haben werden. Die Gipsothek in Possagno vollzieht damit eine Aufhebung der Heteronomie seiner Werke. Die ornamentale Ausstellung der Figuren hebt die Hierarchie zwischen berühmten Männern und Frauen, zwischen Werken mit profanen und christlichen Sujets auf. Sie relativiert die Unterschiede in Gattung, Format und Sujet. In gewisser Weise zieht sie damit die letzte Konsequenz aus der Tendenz seines Œuvres, inhaltliche und mythologische Aspekte der Figuren zunehmend zu vernachlässigen und sich auf formale Eigenschaften zu konzentrieren.

Tod und Werk

Die ersten monographischen Museen der Kunstgeschichte weisen entweder eine räumliche und formale Nähe zum Mausoleum auf, wie in Canovas Gipsothek, oder bilden sogar eine architektonische Einheit mit der Grablege eines Bildhauers, wie im Fall Thorvaldsens. Die permanente Ausstellung ging dabei nicht selten aus einer temporären Präsentation der verstorbenen Künstler in ihren Ateliers oder in der örtlichen Kunstakademie hervor. Als Canova am 13. Oktober 1822 in Venedig verstarb, war seine Grablege in der Pfarrkirche von Possagno noch nicht fertiggestellt; dennoch löste das Ableben eine ganze Serie von Trauerfeiern in halb Italien aus.[18] Dem Leichnam Canovas wurde zuvor eine selektive Aufmerksamkeit zuteil. Das Herz verwahrte man bis zur Fertigstellung des venezianischen Grabmals in Santa Maria Gloriosa dei Frari in einer Porphyrvase und bestattete es dann in die – nach seinem eigenen Entwurf für ein Tizian-Grabmal gestaltete – Pyramide im linken Seitenschiff der Kirche.[19] Die rech-

18 Bätschmann: Ausstellungskünstler, S. 85 f.

19 Dazu und im Folgenden: Wischermann: Canovas Pantheon, S. 152.

te Hand des Bildhauers erhielt sinnigerweise die *Accademia di Belle Arti* in Venedig, und der restliche Körper wurde am 16./17. Oktober 1822 in einer «urna provvisoria» nach Possagno verbracht und im April 1830 schließlich in einen Sarkophag im *Tempio* transloziert. Die Teilung des Leichnams sollte sicherlich an «die Distribution der Reliquien eines Heiligen» erinnern,[20] allerdings wurden auch die Herzen von französischen und habsburgischen Königen und Königinnen bisweilen getrennt vom restlichen Körper beigesetzt.[21] An die sakrale Aufladung des monarchischen Körpers erinnert auch ein anderer Umstand der Trauerfeierlichkeiten zu Ehren Canovas: Sie stellten einen engen Zusammenhang zwischen dem Leichnam und seinem Werk her.

In Venedig fand ein Requiem für den Künstler in San Marco statt, danach eine Zeremonie in der *Accademia* in einem mit Stichen nach Canovas Werken geschmückten Saal. Die *Accademia di San Luca* in Rom richtete ihm daraufhin eine Trauerzeremonie in Santi XII Apostoli aus *(Abb. 5)*, wo im Hauptschiff der Kirche ein Katafalk mit dem Modell der *Religio* über einem leeren Sarkophag errichtet wurde. Flankiert wurde die ephemere Architektur von

Abb. 5
Giuseppe Valadier: Trauerzeremonie zu Ehren von Antonio Canova, 1823, Feder aquarelliert.

den sieben Metopen, die Canova noch selbst für den *Tempio* in Possagno entwerfen konnte, sowie von den Figuren der Barmherzigkeit, des Todesgenius und des Löwen aus dem Grabmal der Erzherzogin Maria Christina.[22] Zur Rechten befand sich das Gipsmodell für das letzte Werk des Bildhauers, eine Pietà-Gruppe mit überlebensgroßen Figuren, die posthum als Bronzeabguss ebenfalls im *Tempio* aufgestellt werden sollte. Am Eingang installierte man außerdem die allseits beliebten Löwen des Grabmals von Clemens XIII., um die «santità del luogo» zu bewachen.[23]

Die Unterschiede, die die Auslegung von Canovas Werk als prototypisch venezianischer respektive katholischer Künstler in den beiden Zeremonien in Venedig und Rom erfuhr, sollen hier nicht weiter diskutiert werden: Beide Requien machten durch die Einbettung der Exequien bzw. der Würdigung in eine Präsentation von Canovas Stichen und Gipsmodellen einen Transitus vom toten Körper, dem Sarkophag, zum bleibenden Werk anschaulich. Die Einbettung der Begräbniszeremonien berühmter Bildhauer in die Präsentation ihres Werks inszeniert den Übergang vom sterblichen Körper ins – so das Kalkül – unsterbliche Vermächtnis, von der Kontingenz und Hinfälligkeit des Lebens zur Unveränderlichkeit des hinterlassenen Œuvres.

Fingerzeig auf das lebendige Werk

Interessanterweise lässt schon Vasari in seiner Nacherzählung der Ereignisse um den Tod Raffaels den physischen Körper und das Werk metaphorisch zusammenfallen. Dass der Aretiner den Bericht vermutlich erfunden hat,[24] spielt in unserem Zusammenhang keine große Rolle, da seine Version eine – insbesondere seit dem späten 18. Jahrhundert – zentrale Funktion in der Rezeption Raffaels übernahm, die die Frage nach der historischen Faktizität in den Hintergrund rückt. In der abschließenden Passage von Vasaris Vita des Malers liest man:

> «Nach eingetretenem Tod stellten sie am Kopfende des Saales, in dem er gearbeitet hatte, die Tafel der Verklärung auf, die er für den Medici-Kardinal fertiggestellt hatte. Im Angesicht des toten Körpers und des lebendigen Werks zerriß es allen, die es anschauten, die Seele vor Schmerz.»[25]

20 Bätschmann: Ausstellungskünstler, S. 86.

21 Vgl. Wischermann: Canovas Pantheon, S. 151; Magdalena Hawlik-van de Water: Der schöne Tod. Zeremonialstrukturen des Wiener Hofes bei Tod und Begräbnis zwischen 1640 und 1740, Wien/Freiburg/Basel 1989, S. 79–89.

22 Vgl. Melchior Missirini: Solenni esequie celebrate ad Antonio Canova nella chiesa de' Ss. XII Apostoli di Roma, con l'Orazione recitata dall'Abate Melchior Missirini, Venedig 1823.

23 Ebd., S. 6.

24 Ulrich Pfisterer: Raffael. Glaube, Liebe, Ruhm, München 2019, S. 308.

25 Giorgio Vasari: Das Leben des Raffael, Berlin, 3., erweiterte u. aktualisierte Auflage 2011, S. 84.

Abb. 6
Raffael: Transfiguration Christi, 1518–1520. Öltempera auf Holz. Pinacoteca Vaticana, Vatikan.

Im italienischen Original der Lebensbeschreibungen heißt es im letzten Satz des zitierten Abschnitts: «la quale opera, nel vedere il corpo morto e quella viva, faceva scoppiare l'anima di dolore a ognuno che quivi guardava.»[26] In Vasaris Satzkonstruktion klammern «la quale opera» und das dazugehörige Adjektiv «viva» den toten Körper regelrecht ein und bilden eine hybride Einheit. Der neue Werk-Körper wird dabei exemplarisch durch Raffaels *Transfiguration Christi (Abb. 6)* vertreten, und diese Wahl lässt sich mindestens in dreifacher Hinsicht motivieren: Erstens besitzt das Gemälde die besonders hoch bewertete Qualität der *vivacità*; zweitens war das gewählte Bild zum Zeitpunkt des Todes lebendig im Sinne von unvollendet und damit auf ewig unabgeschlossen; und schließlich drittens stellt die Ikonographie ein Modell für ein eucharistisches Verständnis von Autorschaft zur Verfügung: Das Gemälde hat die Doppelnatur Christi zum Inhalt, denn «die Verklärung ist nichts anderes als die esoterische Offenbarung seiner göttlichen Natur».[27] Eine ähnliche Doppelung von physischer Verkörperung und immaterieller Dignität liegt auch dem modernen Urheberrecht zugrunde (siehe unten).

26 Giorgio Vasari: Le vite de' più eccellenti pittori, scultori ed architettori, hg. v. Rosanna Bettarini u. Paola Barocchi, Bd. 4, Florenz 1976, S. 210.

27 Rudolf Preimesberger: Tragische Motive in Raffaels «Transfiguration», in: Zeitschrift für Kunstgeschichte 50 (1987), H. 1, S. 88–115, hier S. 90.

Abb. 7
Nicolas-André Monsiau: Der Tod Raffaels (Präsentationszeichnung), 1804. Feder in Braun über Bleistift, hellbraun laviert, auf beigem Papier.

Die durch Vasari überlieferte Szene wurde im Zuge des Raffael-Kults und der intensiven kunsthistorischen Aufarbeitung um und nach 1800 vermehrt illustriert, ihre Kenntnis kann im kunstinteressierten Milieu des 19. Jahrhunderts vorausgesetzt werden.[28] In einer Zeichnung Nicolas-André Monsiaus von 1804 *(Abb. 7)* ahmen die am Totenbett anwesenden Schüler, ein Geistlicher sowie Kardinal Bibbiena die Protagonisten im unteren Register der *Transfiguration* geradezu nach, sie zeigen die verschiedenen Zustände der Zuwendung und Trauer um den Verstorbenen sowie unterschiedliche Stadien der Erkenntnis um die göttliche Natur Raffaels respektive seines Werks.[29] Indem der mit einem pelzbesetzten Mantel bekleidete Zeuge mit beiden Händen nachdrücklich auf das Gemälde verweist, erinnert er an die Funktion des rotbemäntelten Apostels Jacobus Minor im letztem Bild des Malers aus Urbino. Dieser Jünger spielt eine hervorgehobene Rolle in der Bilderzählung, da er die «Göttlichkeit und Messianität des künftig Heilenden» wahrnimmt, bevor Christus in Erscheinung getreten ist und die Wunderheilung vollzogen hat.[30] Im Unterschied zum Gemälde findet die Gebärde des Raffael-

28 Andreas Stolzenburg: «Ah siehe da! Unser Ruhm und unsere Freude; hier naht ein Unsterblicher!» Zum Raffael-Kult des 19. Jahrhunderts, in: Raffael. Wirkung eines Genies, Ausstellungskatalog, hg. v. Andreas Stolzenburg u. David Klemm, Hamburger Kunsthalle, Petersberg 2021, S. 46–95; Larisa V. Bardovskaja (Hg.): La morte di Raffaello. Storia di un dipinto di Felice Schiavoni, Mantua 2009.

29 Vgl. Raffael. Wirkung eines Genies, S. 430–433.

30 Preimesberger: Tragische Motive in Raffaels «Transfiguration», S. 104.

Anhängers in Monsiaus Zeichnung eine innerbildliche Resonanz, indem ein jugendlicher Schüler zu seiner Rechten bereits anbetend die Hände faltet und zum Bild bewundernd hochblickt. Genau diese Figur macht klar, dass die Gebärde nicht etwa – analog zur Heilung des mondsüchtigen Knaben in der *Verklärung Christi* – auf eine wundersame Auferweckung des toten Raffael abzielt, sondern dass sich dank des Fingerzeigs auf das letzte Gemälde die Trauer der Nachwelt vom verstorbenen Künstler lösen und in einen Kult um das unsterbliche Werk verwandeln kann.

Canovas und Thorvaldsens Begräbnisfeiern beerbten die Aufbahrung Raffaels insofern, als in den genannten Fällen die Leichen respektive Särge der Künstler von ihren Werken flankiert wurden, was noch entfernt an die Gegenüberstellung von totem Körper und Effigies im Rahmen von königlichen Begräbnissen oder der Dopplung von verwesendem und unsterblichen Körper in Grabmälern des späten Mittelalters und der Frühen Neuzeit erinnert.[31] Sowohl im Falle der Herstellung einer Effigies wie in den sogenannten Doppeldecker-Grabmälern (Erwin Panofsky) «gab es einen sterblichen Körper, von Gott gemacht und deshalb ‹allen Schwächen ausgesetzt, die von Natur oder durch Zufall entstehen›, der einem anderen Körper, vom Menschen gemacht und deshalb unsterblich, gegenübergestellt wurde, ‹für den es weder Kindheit noch Alter oder andere Defekte und Schwächen gibt›».[32] Wie Ernst Kantorowicz bekanntermaßen gezeigt hat, diente die Ausstellung des toten Monarchen und die Konservierung seines Körpers in einer Effigies zur Überbrückung des fragilen Moments des Machtvakuums im Interregnum. Die berühmte Akklamationsformel, mit der in Frankreich dieser Augenblick markiert wurde, «Le roi est mort. Vive le roi!», verdeutlicht den Umstand, dass der König als Amtsinhaber unsterblich ist: «Der Inhaber einer Dignität mag verwesen, die Dignität selbst ist ewig, stirbt nicht», wie Kantorowicz eine zentrale Doktrin der politischen Theologie übersetzt.[33]

Politische Theologie des Urheberschutzes

Eine ähnliche Dopplung lässt sich für den Umgang mit dem Tod prominenter Künstler im 19. Jahrhundert konstatieren: Stets wurde im Rahmen der Aufbahrung, der Trauerzüge respektive

31 Vgl. Ernst H. Kantorowicz: Die zwei Körper des Königs. Eine Studie zur politischen Theologie des Mittelalters (1957/1966), übers. v. Walter Theimer, München 1990, S. 415–432.

32 Ebd., S. 430 f.

33 Ebd., S. 406–409, 430.

des Requiems der tote Körper – aufgebahrt oder im Sarg – dem lebenden, unsterblichen Körper seines Werks gegenübergestellt und damit nicht nur der Ursprung des Schaffens ein letztes Mal authentifiziert, sondern auch der Triumph des Werks über seinen Urheber eingeleitet: ‹Der Künstler ist tot, lang lebe das Œuvre.› Die Personalmuseen des 19. Jahrhunderts wurden bislang als Höhepunkte eines nachklassischen Künstlerkults adressiert oder in kulturwissenschaftlicher Übersetzung primär als Orte verstanden, an denen die «diskursive Konstruktion» der Autorschaft behauptet oder reflektiert würde.[34] Dabei konnte allzu leicht übersehen werden, dass sich der in den monographischen Museen gestiftete Kult nicht allein um den Urheber drehte, da dieser stets in reziprokem Verhältnis zu seinem Schaffen gedacht wurde: Erst die Werke bringen den Autor hervor. Seit der Entstehung des modernen Urheberrechts im Laufe des 18. Jahrhunderts verbleiben Ideen, Kompositionen und Formfindungen als immaterielle Güter auch dann noch im Eigentum von Künstlern, nachdem ihre Gemälde und Skulpturen verkauft und versendet wurden.

Wenn in der Frühen Neuzeit Privilegien für druckgraphische Werke vergeben wurden, schützten diese nicht die geistige Leistung oder die künstlerische Innovation, sondern in der Regel – wie ein Patent – die technische Neuerung.[35] Die Geschichte des modernen Urheberschutzes setzt für die bildende Kunst vermutlich mit der Petition ein, die William Hogarth beim britischen Parlament einreichte und die 1735 zum Erlass des *Engraving Copyright Act* führte.[36] Das wichtigste Modell für das Urheberrecht etablierte dann aber der während der Französischen Revolution erlassene *Décret de la Convention Nationale du dix-neuf juillet 1793 relatif aux droits de propriété des Auteurs d'écrits en tout genre, des Compositeurs de musique, des Peintres et des Dessinateurs*.[37] Dieses schützte – abgesehen von Schriftstellern und Komponisten – zwar explizit nur die Maler und Zeichner, enthielt aber im letzten Artikel einen Zusatz, der den Urheberschutz auf «toutes autres productions de l'esprit ou du génie, qui appartiennent aux beaux-arts» ausdehnte; was zur Folge hatte, dass schon im frühen 19. Jahrhundert Klagen von Bildhauern mit Berufung auf diese sehr offene Formulierung stattgegeben wurde. Genau dieser Passus weist außerdem darauf hin, dass nicht einfach handwerkliche oder

34 Maarten Liefooghe: Buildings for Bodies of Work: The Artist Museum After the Death and Return of the Author, in: Architectural Histories 7, 1 (2019): 12, S. 1–13, https://journal.eahn.org/article/id/7570/ (abgerufen am 21.08.2023).

35 Grischka Petri: Der Fall Dürer vs. Raimondi. Vasaris Erfindung, in: Fälschung – Plagiat – Kopie: Künstlerische Praktiken in der Vormoderne, hg. v. Birgit Ulrike Münch u. a., Petersberg 2014, S. 52–69, hier S. 56.

36 Grischka Petri: On the Copyright Hermeneutics of the Original, in: The Challenge of the Object: 33rd Congress of the International Committee of the History of Art / Die Herausforderung des Objekts: 33. Internationaler Kunsthistoriker-Kongress, hg. v. Ulrich G. Großmann und Petra Krutisch, Bd. 1, Nürnberg 2013, S. 166–170, hier S. 168.

37 Frédéric Rideau: Nineteenth Century Controversies Relating to the Protection of Artistic Property in France, in: Privilege and Property. Essays on the History of Copyright, hg. v. Ronan Deazley, Martin Kretschmer u. Lionel Bently, Cambridge 2010, S. 241–254, hier S. 242 f.

technische Produkte vor Raubdruck und illegitimer Reproduktion geschützt werden sollten, sondern «Werke des Geistes oder Genies», also Werke, die in irgendeiner Weise intellektuellen Ursprungs oder originell waren. Während in der Frühen Neuzeit die Maler oder Bildhauer so gut wie keine Handhabe hatten, um die Reproduktion ihrer Werke zu unterbinden, konnten Künstler und Künstlerinnen im 19. Jahrhundert das Recht an einem Werk behaupten, das sie physisch gar nicht mehr besaßen.[38] Wobei dieser Schutz schon im *Décret* nicht nur lebenslang gewährt, sondern auch posthum auf die Erben übertragen wurde, die er bis zu zehn Jahre nach dem Tod des Verwandten begünstigte.

Rechtlich gesehen ist ein Autor seit dem späten 18. Jahrhundert – zumindest potentiell – jemand, der oder dessen Nachfahren Anspruch auf Werkherrschaft über den Tod hinaus erheben können.[39] In den verschiedenen italienischen Staaten und Fürstentümern galten in der ersten Hälfte des 19. Jahrhunderts sehr unterschiedliche Regelungen für den (posthumen) Urheberschutz, sofern dafür überhaupt schon Edikte oder Gesetze erlassen worden waren. In dieser Hinsicht kann Canovas Gipsothek als der Ort verstanden werden, an dem sein Universalerbe die Werkherrschaft zumindest symbolisch zu sichern suchte. Die Rückbindung an das Grab des Bildhauers und seinen Geburtsort behauptete die Legitimität jener geistigen Eigentümer, die sich in den gipsernen Originalmodellen verkörpert fanden.

38 Laurent Pfister: Author and Work in the French Print Privileges System: Some Milestones, in: Privilege and Property. Essays on the History of Copyright, hg. v. Ronan Deazley, Martin Kretschmer u. Lionel Bently, S. 115–136, hier S. 118.

39 Heinrich Bosse: Autorschaft ist Werkherrschaft. Über die Entstehung des Urheberrechts aus dem Geist der Goethezeit, Paderborn/München/Wien/Zürich 1981, S. 7.

Dominik Wabersich

Kittlers Morgenröte

Was war die Zukunft des digitalen Wissens¿

Auf die aktuellen Schreckgespenster der künstlichen Intelligenz antwortete Friedrich Kittler vor einem Vierteljahrhundert mit erstaunlicher Gelassenheit. In einem Vortrag über «Die Zukunft des Wissens», der sich als Typoskript im Archiv in Marbach erhalten hat, schlüpft er rhetorisch für einen Augenblick in die Rolle des von der technischen Entwicklung mal wieder überrollten hermeneutischen Geisteswissenschaftlers und fragt. «Was bedeutet die Computerisierung nicht für die Computer, sondern für uns¿ Kommen wir mit ihren unaufhörlichen Datenfluten überhaupt noch zurecht¿ Macht uns die Computerisierung überflüssig¿»[1] Für Kittler handelt es sich hierbei lediglich um anthropologische Ersatzfragen, die analog zu anderen Medieneinbrüchen (Schrift und Buchdruck) nun über die Digitalisierung hinwegtrösten sollen: «Computer sind doch bloß Werkzeuge, die Menschen zu ihren eigenen Nutzen oder gar zur Selbsterhaltung erfinden [...]. Sicher, Techniken können sich gegen ihre Herren auflehnen [...], aber das ist doch nur ein Missstand oder ein Missbrauch, den wir Menschen im besten Fall verhindern können und im schlimmsten Fall wieder abstellen können, so die Ersatzantworten.»[2] Die Begründung für die Unzulänglichkeit der Ersatzfragen und -antworten liefert Kittler durch den Umstand, dass im Gegensatz zum digitalen Medium «[k]ein Medium zuvor ein Wissen von der Zukunft besessen [hat]».[3]

1 Friedrich Kittler: Die Zukunft des Wissens, DLA Marbach.

2 Ebd.

3 Ebd.

Wie diese Begründung durch das digitale Wissen schon andeutet, ist mit Kittlers Befürwortung der Digitalisierung ein fundamentaler ideengeschichtlicher Perspektivwechsel verbunden, der sich auf das Verhältnis von Wissen, Mensch und Medium bezieht. Die Position, gegen die sich Kittler hierbei richtet, ist keine geringere als die von Aristoteles: «‹Alle Menschen›, sagte Aristoteles, [...] ‹streben von Natur aus nach Wissen.›»[4] Auch wenn Kittler Aristoteles «Satz, schon weil er in Europa Geschichte gemacht hat, nicht in Frage stellen [möchte]»[5] und sich vor der Autorität eines Rezeptionsphänomens kurz verbeugt, korrigiert er ihn insofern, als dass der Mensch nicht aufgrund seiner Natur nach Wissen strebe, sondern ihn «historische Infrastrukturen von Medien und Verhältnissen [...] zum Wissen schieben».[6] Der mediale Perspektivwechsel ist zentral für die Theorie und wissenschaftliche Praxis Kittlers und verbindet mehrere Aspekte: Der Grund für das menschliche Streben wird erstens nicht in einer überzeitlichen anthropologischen Konstante gesehen; zweitens erhalten die historischen Infrastrukturen und Apparate durch den Akt des Schiebens eine aktive Eigenschaft, welche gleichzeitig eine Einwirkung auf den passiven Menschen impliziert; drittens ändert der Perspektivwechsel nicht nur das Verhältnis von Wissen und Mensch, sondern auch jenes von Sprache beziehungsweise Literatur und Mensch. Das Schieben des Menschen durch historische Infrastrukturen zum Wissen hin, entspricht hierbei dem Einschreiben beziehungsweise den Einschreibetechniken. Der Mensch beginnt nicht souverän und willentlich aus einem voraussetzungsfreien Zeitpunkt heraus, Sprache als Ausdruck individueller Subjektivität zu verwenden. Im Gegenteil: Sprache ist in jeweils historische Infrastrukturen eingebunden und an der Prägung beziehungsweise der (technischen) Programmierung des Menschen direkt beteiligt.

Der vierte Aspekt des Perspektivwechsels lässt sich als Konsequenz für den wissenschaftlichen Umgang mit literarischen Texten auffassen. Indem Kittler die sprachliche und technische Vorgängigkeit und Diskontinuität der jeweils historischen Infrastrukturen postuliert, verneint er durch den radikalen Bruch zwischen den jeweiligen «Aufschreibesystemen» jene wissenschaftlichen Grundlagen, die den hermeneutischen Zugang zu Texten

4 Ebd.

5 Ebd.

6 Ebd.

plausibilisieren. Sein Ansatz ist demnach auf die Beschreibung begrenzt und an den Fragen orientiert, welche Beschaffenheit die «Aufschreibesysteme» aufweisen, in denen literarische Texte produziert werden, und welchen Beitrag die Literatur wiederum für das jeweilige System und die Programmierung des Menschen leistet. Diesem Ansatz entsprechend lassen sich die von ihm vorgelegten Arbeiten zu den «Aufschreibesystemen» als «gewagte Mischung aus diskursanalytischer Zäsur-Emphase und informationstheoretischer konzeptualisierter Kulturanalyse»[7] beschreiben. Dem Diktum der Diskontinuität zufolge liegt sein Fokus auf der Unterscheidung der jeweiligen *Aufschreibesysteme 1800/1900* und weniger auf der Binnendifferenzierung innerhalb der Systeme.

Der frühe Kittler setzt hierdurch auch für die literaturwissenschaftliche Praxis neue Impulse. Er erschließt poetische Texte durch «Aufschreibesysteme», die er wiederum anhand nichtliterarischer Texte erarbeitet.[8] Zudem stellt dieser Ansatz auch an die Archivierung von Literatur einen neuen Anspruch. Vom theoretischen Standpunkt Kittlers aus gilt es, zu fragen, welche Quellen und Medienarten für die Erforschung aktueller Aufschreibesysteme zu archivieren sind: Sind für das zukünftige Wissen über die derzeitige Gegenwartsliteratur neben Quellen im engeren, konservativen Sinne auch neuere Formen wie *Tweets* und *Feeds* in sozialen Medien[9] als auch Computerspiele[10] und deren Beitrag für das Einschreibesystem zu berücksichtigen? Mit dem Anspruch an die Archivierung digitaler Medien, sogenannter Born-Digitals, sind zudem die technischen Herausforderungen in Bezug auf ihre Erschließung, Speicherung und Bereitstellung verknüpft, welche sich auch konkret für den digitalen Nachlass Kittlers ergeben. Vor diesem Hintergrund wird die Zukunft des Wissens durch die archivierten Medien und die verfügbare Technik für ihre (digitale) Erfassung gestaltet.

Der Stand der Technik ist hierbei nicht nur in Bezug auf die Erschließung des Nachlasses ständiger Begleiter. Darüber hinaus ist er fester Bestandteil von Kittlers Medientheorie, welche sich auch an seinem eigenen analogen Nachlass verdeutlichen lässt. Die erste Abbildung zeigt in schemenhafter Darstellung relativ wenig – und doch so viel: eine Hand, einen Schnauzbart, mar-

7 Geoffrey Winthrop-Young: Friedrich Kittler zur Einführung, Hamburg 2005, S. 47.

8 Vgl. ebd., S. 59.

9 Vgl. Elias Kreuzmair/Magdalena Pflock/Eckhard Schumacher: Einleitung, in: Feed, Tweets & Timelines – Schreibweise der Gegenwart in Sozialen Medien, Bielefeld 2022, S. 9–16, hier S. 10.

10 Vgl. Dilan Canan Çakir/Sandra Richter: Games-Geschichten. Erzählen per Computerspiel, in: Die Politische Meinung 67 (2022), S. 80–84. ‹

kante Augenbrauen, eine Brille, die auf einer spitzen Nase sitzt, und die Andeutung etwas längeren Haares. Vor allem die grafische Andeutung einer Person illustriert die subjektive Prägung der symbolischen Vermittlung innerhalb der Malerei. Welche Aussagen stecken hinter der Auswahl der ausgeführten Elemente oder verstecken sich gerade hinter den grafischen Auslassungen? Der Mund und die Ohren, also jene sinnlichen Zentralorgane der Sprachgestaltung und -aufnahme, sind in der Zeichnung nicht realisiert. Auch das Auge als primärer Zugang zur schriftlich fixierten Sprache fehlt. Lediglich die Brille deutet über ein technisches Gestell an, dass die dargestellte Figur über einen Sehsinn verfügt. Zudem scheinen die willkürlich gesetzten Zeichen in Form der Hand und der Augenbrauen eine Person als kritischen Denker zu stilisieren. Der Schriftzug «Friedrich Kittler» konkretisiert das Objekt der Zeichnung. Durch die Benennung und die Datierung des Portraits auf den 5. Oktober 1991 wird der Anspruch erhoben, Friedrich Kittler zu diesem Zeitpunkt darzustellen. Inwiefern diese Zeichnung allerdings Kittler am 5. Oktober 1991 entspricht und wie genau «F.» diesen nach Abzug aller Imaginationen wiedergegeben hat, lässt sich aufgrund des Bildes selbst nicht sagen.

Anders verhält es sich mit der zweiten Abbildung: Die Fotografie zeigt den jungen Friedrich Kittler beim Spielen eines Tenorsaxophons mit einer «physikalische[n] Genauigkeit»,[11] die durch keine Beschreibung erreicht werden kann. Das Bild hält einen Moment fest, in dem Kittler auf vorprogrammierte Weise das Instrument zur Tonproduktion nutzt. Erst vor dem Hintergrund der «historische[n] Infrastrukturen von Medien und Verhältnissen [...]»[12] handelt es sich hierbei um (gute) Musik. Auch hier entscheidet ein vorgängiges und diskontinuierliches Regelsystem über die Qualität der Produktion, die analog zur Spielweise des Saxophons dem Musiker vorausgeht. Zudem ist das Saxophon keine technologische Erweiterung von Kittlers Gesangsstimme oder dieser nachempfunden, sondern stellt selbst seinen spezifischen Ton zur Verfügung. Auch wenn Kittler ein bestimmtes Stück wählt, ad hoc improvisiert oder sich in Bezug auf die Hardware individuell für ein bestimmtes Blech, eine favorisierte Blattstärke und wie in diesem Falle für das Tragen eines Halsriemens

11 Friedrich Kittler: Grammophon Film Typewriter, Berlin 1986, S. 22.

12 Kittler: Die Zukunft des Wissens.

13 Kittler: Grammophon Film Typewriter, S. 281.

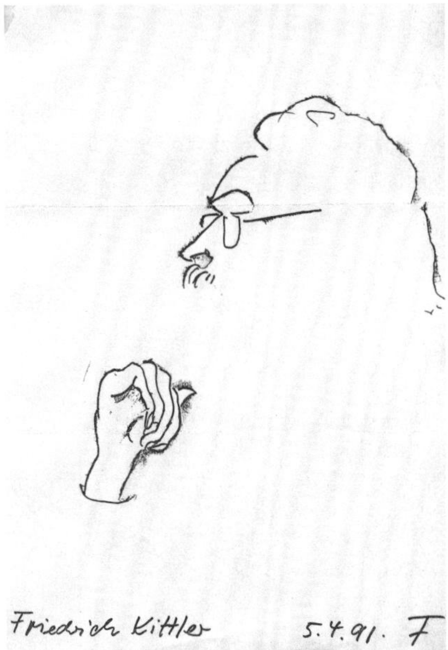

Abb. 1
Zeichenlehre. Portrait von Friedrich Kittler. Zeichnung, 5. Oktober 1991.

Abb. 2
Vorprogrammierte Tonproduktion. Friedrich Kittler mit Saxophon. Fotografie.

entscheiden mag, bleibt die Tonproduktion vom Instrument abhängig. Es versetzt also Kittler in die Lage, Töne beziehungsweise Musik zu produzieren, die er selbst nicht hervorbringen könnte.

Mit dieser musikalischen Abhängigkeit ist eine Erinnerung an die eigenen menschlichen Grenzen verbunden, welche sich im Falle der Fotografie auch medial widerspiegelt. Für Kittler ist der Mensch eine Informationsmaschine, welche Sinnbeeinträchtigungen aufweist. Vor allem die Beleuchtung der menschlichen Defizite «Blindheit und Taubheit […] liefer[t], was anders gar nicht zu haben wäre: Informationen über die Informationsmaschine Mensch.»[13] Dementsprechend betrachtet Kittler die Technik als Zugang zu diesen Informationen. Während die Brille einerseits die Sehschwäche ihres Trägers ausgleichen kann, ermöglicht sie andererseits Erkenntnisse über den menschlichen Sehsinn. Die Fotokamera unterstützt im Gegensatz zur Brille nicht den Sehsinn, sondern simuliert ihn. Der Fotoapparat ist nicht einfach eine Nachbildung des menschlichen Auges, sondern geht über dessen Leistungsfähigkeit bei der Datenverarbeitung hinaus. Die Genauigkeit der Abbildung hängt bei der Fotografie deshalb nicht vom Fotografen ab, sondern vom Stand der Technik. Analog zum Saxophonspiel muss auch bei der Fotografie zugestanden werden, dass diese nicht ganz frei von menschlichen Entscheidungen beispielsweise in Bezug auf die Perspektive gemacht wurde. Allerdings verdeutlicht der Vergleich zwischen der symbolischen Vermittlung in Form eines gezeichneten Portraits *(Abb. 1)* und der fotografischen Aufzeichnung *(Abb. 2)* den

Zusammenhang zwischen zunehmender Technisierung und reduzierter Möglichkeit für menschliche Eingriffe. Neuere Medienformen wie die Fotografie führen durch ihre Eigenlogik vor, wie sehr sie im Unterschied zur Zeichnung nicht Ausdruck von Originalität und Subjektivität sind. Die Signatur «F» verleitet dazu, nach der Urheberschaft und dem Image zu fragen, dass sich hier gegebenenfalls Kittler selbst zeichnerisch gibt. Im Medium der Fotografie hingegen ist die Technisierung im Vergleich zur Zeichnung fortgeschritten. Die willkürliche Zeichengebung tritt zurück zu Gunsten technischer Standards; die Leistungsfähigkeit des Fotoapparats verdrängt die individuelle Schöpfung eines künstlerischen Subjekts oder Geistes.

Dies wirkt sich auch auf die Authentizität des Bildes aus. Im Gegensatz zum gezeichneten Portrait ist – so historisch banal dies klingen mag – davon auszugehen, dass Kittler tatsächlich zu einem gewissen Zeitpunkt vor der Fotokamera in einem gestreiften Pullover Saxophon gespielt hat. Mögliche Zweifel an der Faktualität der dargestellten Situation entspringen beim heutigen Betrachter lediglich dem Wissen um die Möglichkeit der Modulation, Verfälschung und Herstellung von realistisch wirkenden Medieneinheiten durch Künstliche Intelligenz, sogenannten *Deepfakes*. Der Unterschied zwischen der Retusche in der Fotografie und dem *Deepfake* liegt in der technischen Enthumanisierung. Der Mensch veranlasst zwar *Deepfakes* oder stellt die Frage nach der Authentizität des Mediums, ist allerdings für die Beantwortung auf die Digitaltechnik und ihr Wissen über das eigene Regelsystem abhängig. Auch in diesem Fall wird der Mensch von «historische[n] Infrastrukturen von Medien und Verhältnissen [...] zum Wissen»[14] beziehungsweise zur Wahrheit geschoben oder zur Lüge gedrängt. Dementsprechend schafft das digitale Wissen, welches auch für das Archiv zunehmend die Authentizität von Medien verbürgt, eine Grundlage für die Unterscheidung von Tatsache und Meinung beziehungsweise Original und Fälschung.

Vor allem die Reflexion in Bezug auf *Deepfakes* macht deutlich, dass die Erkenntnis um deren Status die menschlichen Möglichkeiten der Datenverarbeitung übersteigt; allerdings nicht diejenigen digitaler Medien. Technische Neuerungen der Optik, Akus-

14 Kittler: Die Zukunft des Wissens.

tik und der Maschinenschrift haben dazu geführt, dass diverse Datenströme vorliegen, denen kein menschlicher Standard zugrunde liegt. Die Digitaltechnik führt im Gegensatz zum Menschen diese Datenströme auf einer numerischen Basis zusammen und schafft durch die «Messung mit anschließender Auswertung im Binärzahlensystem […] die Voraussetzung eines schlechthin allgemeinen Medienstandards.»[15] Computern ist es aufgrund dieses Standards möglich, verschiedene Medienarten zu verbinden und sie in sich zu integrieren.[16] Damit erhalten sie «allerdings um den prinzipiellen Preis der Digitalisierung»[17] den Status als «universale Medien».[18] Deshalb bieten sie für die Sammlung von Archivalien «eine Hardware, die zumindest in einigen ihrer Implementierung die Archivierung auf Dauer [sicher; D.W.] stellen dürfte».[19] Aufgrund dieser Universalität digitaler Medien in Bezug auf die Erschließung, Archivierung und Verarbeitung von Datenströmen wird Wissen vom Menschen emanzipiert: «ein totaler Medienverbund auf Digitalbasis wird den Begriff Medium selber kassieren. Statt Techniken an Leute anzuschließen, läuft das absolute Wissen als Endlosschleife.»[20]

Die Radikalität dieser Aussage liegt in der Konsequenz für die Rolle des Menschen, wie sie Kittler in Form der eingangs zitierten Ersatzfrage formuliert: «Macht uns die Computerisierung überflüssig?»[21] Der Mensch hängt laut Kittler nicht nur von der Digitaltechnik, die «unsere Sicherheit, unser Zukunftswissen etc. trägt, […] buchstäblich ab»,[22] sondern wird überflüssig – er verschwindet. Für Kittler ist dies zudem keine perhorreszierte ferne «Zukunft des Wissens», sondern bereits die Gegenwart der Jahrtausendwende. So ist «die langjährige Geschichte […] von Büchern und Analogmedien, […] an ihr faktisches und theoretisches Ende gelangt. Mit anderen Worten, die Zukunft des Wissens hat begonnen.»[23] Aber stimmt das? Oder ist Kittlers Postulat Ausdruck seines eigenen Optimismus aus der digitalen Morgenröte eines alten Jahrhunderts? Oder handelt es sich hierbei lediglich um eine der vielen Provokationen, die seine Umstrittenheit in der Wissenschaft begründen?

Dass Kittler in der Wissenschaft umstritten ist, liegt nicht nur an seinem Zweifrontenkrieg gegen hermeneutische und soziologische Ansätze der Literatur- und Kulturtheorie.[24] Neben die in-

15 Friedrich Kittler: Geschichte der Kommunikationsmedien, in: J. Huber et al. (Hg.): Raum und Verfahren. Frankfurt/M. 1993, S. 169–188, hier S. 185.

16 Vgl. Rupert Gaderer: Aufschreibesysteme 1900/Reaktionsmaschine 2000. Analoge und digitale Medien, Codes und Diskurse bei Friedrich Kittler und Thomas Melle, in: Jens Schröter/Till A. Heilmann (Hg.): Friedrich Kittler. Neue Lektüren. Wiesbaden 2022, S. 61–74, hier S. 72.

17 Friedrich Kittler: Museen an der digitalen Grenze, DLA Marbach.

18 Ebd.

19 Ebd.

20 Kittler: Grammophon Film Typewriter, S. 8.

21 Kittler: Die Zukunft des Wissens.

22 Friedrich Kittler/Stephan Banz: Platz der Luftbrücke. Ein Gespräch, Berlin 1996, S. 22.

23 Kittler: Die Zukunft des Wissens.

24 Winthrop-Young: Friedrich Kittler, S. 167.

Abb. 3
Inszenierung eines Spitzbuben. Fotografie.

haltliche Auseinandersetzung tritt bei Kittler zudem der trotzige Gestus eines *angry (young) man*, der sich gegen das Establishment richtet.[25] Er stellt eine Form jener Intellektuellen dar, die Hannelore Schlaffers *Rüpel und Rebell* entsprechend «mit ihrem Denken angriffslustig und mit ihrem Benehmen anstößig sein *wollen*».[26] Einen Ausdruck dieser bewussten Nonkonformität Kittlers liefert die dritte Abbildung. Die Fotografie hält weder ein Interview fest, noch wurde sie in einem öffentlichkeitswirksamen Kontext gemacht. Der Hintergrund des Bildes lässt eher an eine private Situation denken, in der Kittler entspannt auf einer Wiese sitzt – vielleicht in der Nähe eines Baggersees. Dennoch handelt es sich nicht um einen Schnappschuss. Er lässt sich bewusst auf die Fotografie ein und posiert. Auffällig ist hierbei seine Brille: Kittler trägt sie nicht im üblichen Sinne, sondern umschließt einen Brillenbügel für die Fotoaufnahme mit den Lippen auf lustvolle Weise, während er seinen Blick fest in die Kamera richtet. Die Fotografie hält das spitzbübische Image von Kittler fest, das sich nicht ganz ohne sein Zutun erhalten hat. Dieses wurde bereits in Freiburg durch den rebellischen Freund Klaus Theweleit pointiert: «[...] der böse Bube. Ein Intellektueller, die absolute *Spät*figur der jeweiligen Kultur, in der er sich befindet. Er hat alles gesehn, er ist nicht so *blöd*, noch zu glauben, daß – [...] Mein Freund Friedrich

25 Ebd., S. 11 f., 56.

26 Hannelore Schlaffer: Rüpel und Rebell. Die Erfolgsgeschichte des Intellektuellen, Springe 2018, S. 7; Hervorhebung im Original.

bewegt sich da, wenn er vom «sog. Menschen» spricht und die Unterlippe einzieht dabei, daß man etwas sieht vom Zahn, vom Biß.»[27] Neben dem exzentrischen Image, das Kittler selbst kultiviert hat, tritt allerdings sein zunehmend repräsentativer Charakter. Immerhin posiert hier der international angesehene Inhaber des Lehrstuhls für Ästhetik und Geschichte der Medien an der Humboldt-Universität zu Berlin. Paradoxerweise nimmt die zunehmende Anzahl an Zustimmung und Nachahmern – man denke hierbei an die *Kittler Jugend* – dem etablierten Rüpel den rebellischen Charakter,[28] während der rüpelhaft provokative Gestus die Anerkennung durch seine Anhänger bestärkt.[29]

Die Laudatio zur Verleihung des *Lifetime Achievement Awards,* welcher ihm 2011 kurz vor seinem Tod von der *Society for Literature, Science and Arts* verliehen wurde, kann als Ausdruck dessen gewertet werden, wie sehr Kittler trotz seines Images etabliert gewesen ist und die Zukunft des Wissens mitgeprägt hat. Dieser Einfluss auf Wissenschaftler wird durch die Virulenz der von ihm referierten Fragen in der aktuellen Debatte um den Umfang und die Tiefe der Digitalisierung ergänzt. Dadurch schleicht sich auch der Mensch trotz der von Kittler postulierten Überflüssigkeit wieder in die Datenverarbeitung ein. Er ist es, der die Digitaltechnik beispielsweise auch für die Erschließung des digitalen Nachlasses Kittlers nutzt[30] – und dadurch am heute intellektuell wieder so unzeitgemäßen technischen Optimismus partizipiert.

27 Klaus Theweleit: Buch der Könige. Band 1: Eurpheus und Eurykide, Frankfurt/M. 1988, S. 398; Hervorhebungen im Original.

28 Vgl. Schlaffer: Rüpel und Rebell, S. 189.

29 Winthrop-Young: Friedrich Kittler, S. 167.

30 Vgl. Alex Holz/Dîlan Canan Çakir: Vom Finden, Filtern und Auswerten der relevanten Daten im digitalen Nachlass von Friedrich Kittler im Deutschen Literaturarchiv Marbach. DHd 2023 Open Humanities Open Culture, https://doi.org/10.5281/zenodo.7715546.

Bildnachweis:
Abb. 1–3: Deutsches Literaturarchiv Marbach.

Hannelore Schlaffer

Der geniale Knabe

Als hätte Friedrich Kittler noch nichts geschrieben, kein Wort, keinen Aufsatz, kein Buch, so nahm ich, als ich 1982 in Freiburg die *venia legendi* erhalten hatte und dort zu lehren begann, jenen neununddreißigjährigen Mann wahr, der so gerne redete und mit dem ich so gerne redete. Pflichtgemäß zwar hatte ich einige Schriften von ihm angesehen, verpflichtet aber, dies zu tun, fühlte ich mich, wie später dann doch, nicht. Kittler, nun «Kollege», gefiel mir, weil er so gerne erzählte und dozierte an den langen Sommer- und Winterabenden während der ersten und vieler weiterer Semester, an denen wir uns oft trafen. Immer besuchten wir *fast* feine Restaurants, gerade also zu jenen Zeiten, wo es begann, dass sich Kittler im universitären Leben als bemerkenswerter Geist zur Geltung brachte, in Freiburg also, wo er sich habilitieren wollte und mir die Habilitation in den Schoß gefallen war: Ich hatte auf Anraten einiger wohlwollender Leser und kluger Männer das Buch über Goethes *Wilhelm Meister* als Habilitationsschrift extern eingereicht, diese wurde angenommen, und so war ich, die Zeitungsschreiberin, Kittlers Kollegin geworden. Kittler hingegen mühte sich noch mit seiner eigenen Schrift über *Aufschreibesysteme 1800/1900* ab, um die akademische Laufbahn endgültig zu ergreifen; er schwärmte von seinen täglichen und ganztägigen Forschungsaufenthalten in der Bibliothek und sprach pathetisch von den seltenen Quellen, die er nun ans Licht befördern wolle.

Längst ist es in der Universitätsgeschichte bekannt, gegen welche Schwierigkeiten er seine Habilitation zu erkämpfen hatte – sie beschäftigte elf Gutachter. Den «Muttermund» in all seiner zweideutigen Bestimmung erklärte er zum ersten Medium, durch das der Mensch Sprache und Kultur aufnehme. Diese physische Herleitung einer uralten Würde konnte seine Lehrer, die sich aus Büchern gebildet hatten, nicht überzeugen. Vor solch einer These erschraken die Professoren, die ihn als ihresgleichen anerkennen und bei sich aufnehmen sollten. Stattdessen weckte Kittler umso mehr die Neugier jener Gelehrten, die für seinen Einstieg in die Universität nicht verantwortlich waren, und außer diesen auch noch die Aufmerksamkeit einer großen, gebildeten Leserschaft. Das Buch wurde schnell bekannt und galt als das richtungsweisende Werk der Freiburger Schule, die der Psychoanalyse auch das Gebiet der Literatur zuwies. Mit dem «Muttermund», der die Prüfer so misstrauisch gemacht hatte, begann Kittlers Karriere als führender Medientheoretiker der Gegenwart. Der «Muttermund» war sein erstes Medium.

Ich habe diesem Heranreifen eines Genies kaum Beachtung geschenkt. Für mich war Kittler ein Fant, nicht gerade ein dummer Kerl, der zufälligerweise auch noch Bücher schrieb, die Aufsehen erregten. Jedoch war er für mich kein Wissenschaftler, sondern ein Student, ein junger Mann mit ungewöhnlichen Gedanken und einem seltsamen Benehmen. Erst als er gestorben war, habe ich bemerkt, dass er ja nur vier Jahre jünger gewesen war als ich. Damals beim Herumstreunen in Freiburg schien es mir, als lägen Jahrzehnte zwischen uns.

Kittlers Aufführung war unbeholfen wie die eines Kindes am ersten Schultag. Er war nervös, sprach hastig, manchmal versagte die Stimme, sie überschlug sich, er zitterte innerlich, das musste jeder mitfühlen, das konnte keiner übersehen. Die Augen irrten unruhig umher und hielten sich dann und wann mit einem flehenden Blick an mir fest. Insgeheim lächelte ich über ihn, nach außen hin gab ich mich amüsiert und spöttisch, was er freundlich aufnahm. Er war gutmütig und bemühte sich, mit mir über sich selbst zu lächeln, ich dankte ihm dies, fühlte mich glücklich und mit ihm befreundet.

Wie konnte dies anders sein, denn bei aller Ängstlichkeit spielte er am liebsten die Rolle des Chevalier d'amour. Mit vielen Verbeugungen, schon auf dem Weg zum Bahnhof und dann vor allem dort selbst, begleitete er mich, wartete mit mir, bis der Zug kam, mit dem ich nach Stuttgart zurückkehrte. Er küsste mir leidenschaftlich die Hand, just wenn der Zug in den Bahnhof einfuhr und mich entführte. Ich blickte, enteilend, auf ihn zurück, und er sah glücklich aus, hatte er doch wieder einmal eine richtig schöne Galanterie inszeniert.

Die meiste Zeit aber war Kittler nervös, suchte nach dem richtigen Verhalten, im Gespräch immer nach dem passenden Wort, hartnäckig verbiss er sich in ein Thema, und meist war dies Thema, wenigstens sobald er mit mir sprach, die Frau. Eines Abends erzählte er durch alle Gänge des Menüs hindurch, die wir im Restaurant bestellt hatten, von einem Flug nach Japan, bei dem er seinen Sitz neben einer «Frau» gefunden hatte. Mit ihr habe er sich so gut, so innig, so voll tiefen Verstehens unterhalten wie selten mit einem Menschen sonst. Geheimnisvoll, vielsagend war das Zusammenspiel des Redens und des Beieinanderseins. Die Erzählung von der Begegnung über den Wolken dauerte lange, Kittlers Begeisterung stieg himmelan, und so konnte man annehmen, dass die Romanze zu einem glücklichen Ende gekommen sei. Also fragte ich, nachdem wir unser Mahl verzehrt hatten, voll der schönsten Erwartung: «Ja, und was wurde dann aus der Geschichte?» Erstaunt über diese plumpe Frage, brach es voller Empörung, wie sie für Kittler charakteristisch war, wenn er sich missverstanden fühlte, aus ihm heraus: «Na ja, bei der Landung wurde sie von ihrem Ehemann abgeholt.»

Auch die Medientheorie, die Kittler berühmt gemacht hat, scheint mir von seiner Frauenverehrung getragen zu sein. Gern hätte ich dies in einem Aufsatz belegt. Doch was bei Dichtern üblich ist, dass ihr Werk auf ihre persönlichen Erlebnisse zurückgeführt, ja gar aus dem Unbewussten erklärt wird, diese Todsünde der Taktlosigkeit darf sich in der Wissenschaft keiner leisten.

Also die Frauen! Nun doch: die Frauen und der Sommer – das war der Baggersee. Keinen treffenderen Titel hätte man für die posthume Publikation von Kittlers frühen Schriften finden können als eben diesen. Der Baggersee – Kittler führte ihn unentwegt im Munde und sprach von ihm mit diesem irren Flimmern des Überglücklichen in den Augen. Der Name selbst ist ja schon ein Stottern, ein Keuchen. Kittler hielt am Baggersee bei günstigem Wetter seine Seminare ab. Seine Ausflüge dorthin wurden in Freiburg eifrig besprochen. Dabei blickten sich die, die so gerne darüber tratschten, in die Augen und zwinkerten sich ihr «Ich weiß schon» zu, falls sie es nicht gar aussprachen: Kittler, so hieß es, halte dort seine Seminare über Wagners «Tristan» nackt ab und alle seine Studenten seien ebenfalls nackt. Keiner hat diese Nachricht überprüft, jeder hat sie geglaubt, weil sie zu glauben und zu erzählen nur allzu schön war.

Der Tratsch, der diesmal Kittler zum Gegenstand hatte, ist an der Unterhaltung, nicht an der Wahrheit interessiert. Tratsch ist die Poesie des Jedermann. Was wirklich geschieht, ist der Sprache nicht wert; man weiß und kennt es ja ohnehin und muss nicht davon erzählen. Wenn schon reden, dann über mehr als das, was wirklich ist. Nur Dichtung ist der Rede wert, und so dichtet der Mensch sich seine Realität zusammen. Sollte diese Psychologie stimmen, so ist alles, was erzählt wird, übertrieben. Nur aus der Negation des Erzählten kann man rekonstruieren, was wirklich war. Die Sage wollte in Kittler nicht den an der Habilitation fast gescheiterten Privatdozenten sehen, sie wollte ihn als schöngeistigen Bonvivant haben – und dies war denn auch die Rolle, auf die er hinarbeitete.

Auch mir war, was erzählt wurde, recht. Ich habe nie mit Kittler darüber gesprochen und nach der Richtigkeit der Sage gefragt. Vielmehr habe ich mir selbst einen Scherz mit ihm erlaubt. Durch einen Feuilletonartikel über die Attitüdendarstellerin Lady Hamilton geriet ich an eine Nachricht über den Grafen Senckenberg, der sich mit ebensolchen Auftritten, wie Kittler sie inszenierte, seine Gesellschaften belustigte. Die Quelle des Zitats finde ich nicht mehr. Jedenfalls schrieb ich es ab und hing es an die Türe jenes Seminarraums, in dem Kittlers Veranstaltungen stattfanden oder von dem aus bei schönem Wetter der Ausflug zum Baggersee startete. Der Graf von Senckenberg, so hieß es da, posiere bei Gesellschaften als Apoll, wandle gravitätisch auf und ab, indem er endlich seine Göttlichkeit rein erstrahlen und alle Hüllen fallen ließ.

Kittler sprach nie von diesem Papier an seiner Seminartüre. Er war – damals – viel zu dezent, viel zu vornehm und in Wahrheit eigentlich zu schüchtern, als dass er angesprochen hätte, was hätte peinlich werden können. Heute sehe ich, dass er alle Peinlichkeit, in die uns der Körper bringt, durchdachte. Denn was anders sind die Aufzeichnungen, die in dem Buch *Baggersee* (Paderborn 2015) vorliegen, als das gedankliche Einzirkeln des Körpers. Kittler beschreibt die Funktion der Körperteile nicht im physischen, sondern im intellektuellen Sinne: Augen, Ohren, der Atem; Singen, das ist eine Funktion der Stimmbänder, Tanzen eine der Beine. Dies sind Anfänge von Lebensäußerungen, die wir erst in ihrer Wirkung wahrnehmen, um sie dann als Kultur oder Kunst zu verehren. Kittler sucht nach den körperlichen Wurzeln der kulturellen Leistungen. Die Notate des jungen Kittler, gesammelt in *Baggersee*, sind eine wilde Mischung aus der damals modischen Heidelberger und Freiburger Kulturpsychologie und der Soziologie der Frankfurter Schule.

Kittler aber war kein Analytiker, weder einer der Seele noch der Kultur. Er ist Anthropologe, der nicht die fremde Kultur erforscht, sondern den eigenen Leib als Metapher. So schuf er die Neuigkeit einer narzisstischen Anthropologie aus der spitzfindigen Überlistung des Körpers und seiner Unterwerfung unter den Gedanken. Das intellektuelle Vergnügen dieser Notate muss darin bestanden haben, alle Analyse noch ein Stück weiter in die Fundamente ihres Baus voranzutreiben, der die Kultur ist, noch näher an deren animalischen Ursprung heranzukommen, damit sie endlich, wie auch er am Baggersee, die Hüllen fallen lasse und ihre natürliche Abkunft zu erkennen gebe. Kittler, der nervöse Mann, ist in seinen frühen Aufzeichnungen so sicher, der Schwärmer so kritisch, der im Sprechen Gehemmte schreibt so elegant, dass man daraus schließen muss, er war sich selbst der einzige angemessene Gesprächspartner. Seine Unsicherheit war nur der Anfang der Wut, die er später gegen jeden an den Tag legte, der diese Selbstgespräche störte.

Der Trotz, den er endlich offenbarte, als ihn der Erfolg – und damit die Welt der anderen Menschen – eingeholt hatte, war nur die Wut über eine Störung, der Ärger darüber, von sich selbst abgelenkt zu werden. Als Professor der Humboldt-Universität kam er anfänglich oft nach Stuttgart. Er schaute noch immer so samtig-traurig, doch wurde es zunehmend schwerer, mit ihm zu sprechen. Je fragwürdiger das wurde, was er behauptete, desto knurriger reagierte er auf Einwände. Das Gebell war das des Hofhundes, der die Gedanken seines Herrn bewacht.

So blieb Kittler im Umgang mit den Menschen der Sonderling, der sich in Gesellschaft zurechtzappelte – nichts an ihm war zu spüren von seinem Ruhm, gar nichts von Eitelkeit und Souveränität. Brillante Situationen konnte man mit ihm nicht erleben. Weder bei jenem ersten Vortrag, den er auf Einladung in Stuttgart hielt, wo er so in sich hineinnuschelte, dass das Auditorium unruhig wurde und durch Zurufe eine deutlichere Ausdrucksweise forderte. Daraufhin bemühte sich der junge Gelehrte redlich um eine deutliche Intonation, indem er alle Endsilben überbetonte. Wie jeder Gejagte nahm er just den falschen Weg und sprach also von der «Muttér, die dem Kindé die Silbén vorsagé, damit es lernén könné …» Es war nicht komisch, es war traurig.

Ähnlich war es noch bei einer späteren Vorlesung in Stuttgart, wo er schon sein apartes Thema Mathematik und Musik behandelte. Außer mir und Heinz Schlaffer waren nur zwei weitere oder höchstens drei Hörer erschienen. Kittler erschrak dennoch vor der Masse der Zuhörer. Er bestieg nicht das Rednerpult, sondern setzte sich hinter den PC in eine Bank und las den Vortrag vom Bildschirm ab. Damals war dieses Gerät im Hörsaal noch ein Fauxpas, PowerPoint wurde selbst von Kittler nicht genutzt. Ein PC im Hörsaal – Kittler war wieder einmal technisch an der vordersten Front. Doch nutzte er dies Gerät nicht stolz und als Trophäe seines fortgeschrittenen Bewusstseins. Er nahm es vielmehr als Bollwerk. Er kroch regelrecht in den Apparat hinein, um sich zu schützen und ungesehen zu machen vor einer Welt, die aus fünf Zuhörern bestand.

Am Ende seines Lebens war er nur noch bockig und jedem Einwand gegenüber verschlossen. So trat er im Literaturhaus Stuttgart auf, wo ich mit ihm über die Liebe im antiken Griechenland reden sollte. Ein Reden war es nicht. Es wurde ein hartnäckiger Streit, in dem er mich, ich muss es so gewöhnlich sagen, weil auch sein Angriff sich der gewöhnlichsten Mittel bediente, zur Schnecke machte. Da das Naturell der Frauen so nah der Kunst verwandt ist, bezog er, weil es seinen Wünschen entgegenkam, seine Vorstellung von den Griechinnen des 5. Jahrhunderts vor Christus aus Mythos, Kunst und Dichtung und stellte sie sich alle, nicht nur die Göttinnen und Hetären, sondern auch die bürgerlichen Mädchen, als draufgängerische, liebestolle Naturen vor. Ich hielt dagegen, dass die Kultur der Antike, die noch in den orientalischen Ländern der Gegenwart fortlebe, der Frau wenig Bewegungsfreiheit erlaubt habe. Kittler wollte seinen Traum von der großen freien Liebe nun einmal in Griechenland träumen und ließ sich durch nichts beirren. Er schalt mich dumm und ungebildet; nach der Veranstaltung am Tisch des Wirtshauses fällte er über jeden, der mir beisprang, dasselbe Urteil. Florian Höllerer, der Leiter des Literaturhauses, entschuldigte sich noch lange danach, wenn ich wieder ins Literaturhaus kam. Doch kannte ich ja Kittler, und meine Haltung ihm gegenüber – die des Amüsements, in dem ich von seinem Genie aber auch gar nichts wahrnehmen wollte, in dem ich ihn also einfach als einen bösen Buben nahm – lag seit Freiburg fest. Von unserem Gespräch vor einem Publikum hatte ich nichts anderes erwartet als von jedem, das man mit ihm auf Balkon und Terrasse führen würde.

So war ich denn auch glücklich, als ich bei YouTube auf ein Video stieß, das mein Vergnügen an Kittlers selbstverliebter Mythengläubigkeit auf den Gipfel trieb. Welche Institution hatte er gewinnen können? Jedenfalls hatte man ihm eine Expedition bewilligt, ein Schiff, eine Mannschaft, eine Sängerin, mit denen er den Ort ausfindig machen und erforschen sollte, wo Odysseus und die Sirenen aufeinandergetroffen seien. Was eigentlich Kittler da beweisen wollte, habe ich nicht verstanden; die Professoren, die die Expedition bewilligt hatten, werden es gewusst haben.

Das Video zeigt Kittler in einer engen Bucht des Mittelmeers, nahe einer steilen Felswand. Er hat das Kommando auf einem Schiff, die Sängerin steht ihm gegenüber auf mittlerer Höhe des Felsabhangs und gibt Töne, eigentlich eher kurze Schreie, von sich. Kittler schreit von seiner Seite her durchs Mikrophon, stößt immer wieder das Wort «Sprache! Sprache!» aus. Ich vermute, dass er meinte, die Sängerin solle die Sprache der Sirenen gebrauchen, was wohl Odysseus gegenüber Griechisch gewesen sein müsste. Sie blieb aber bei ihrem geliebten Deutsch und sang die Worte in die Landschaft. Wunderbar ist es in der Tat nicht, dass diese Gesänge in der Bucht widerhallten, und das könnte den Sirenen auch geglückt sein. Himmlisch aber ist nun auf dem Video das Erscheinen zweier Hunde, die, angelockt vom verwehten Gesang der Frau, von hinten her den Berg herab auf die Sängerin losstürmten. Die Hunde hatten mit dieser Sirene nicht die Probleme des Odysseus. Übermütig umsprangen sie ihre Knie, bellten fröhlich, und Kittler bellte verärgert – das Video ist zu Ende. Ein missliebiger Teilnehmer des Unternehmens mag es gewesen sein, der den Verehrern Kittlers diese drollige Szene nicht hatte vorenthalten wollen.

Kittlers wissenschaftliches Projekt am Mittelmeer führt zurück zum jungen Lehrer am Baggersee: Wasser und Frauen! Waren dies seine konstanten Motive? Jedenfalls zeigt die Edition seiner Notate aus der frühen Freiburger Zeit, die posthum in dem Buch *Baggersee* erschienen sind, dass er noch eine andere Leidenschaft hatte: das denkende Schreiben. Es gab also die Stunden in seinem Leben, von denen keiner etwas wusste, die Stille des Arbeitszimmers, in denen er kritisch, scharfsinnig, mit viel Lust an übertriebener Spitzfindigkeit das durchging, was er am Tag aufgenommen hatte. Auffällig an den nun publizierten Texten ist die Anstrengung, mit der sie Kittler, als seien sie zum Druck bestimmt, formulierte. «Sprache! Sprache!» – dies scheint er sich selbst zugerufen zu haben, und lustvoller scheint er seiner Aufforderung gefolgt zu sein als die Sirene auf dem Fels. Jedenfalls waren diese Übungen völlig ohne eitlen Blick auf die Öffentlichkeit verfasst.

Auffällig aber ist in diesen Texten Kittlers Interesse für das Leben, das Lebendige, für Lebensformen und Geräte, die dem Menschen dienen, für Gegenstände, die eben auch zu unserer «Sprache» geworden sind, die unseren Umgang mit der Wirklichkeit herstellen und gestalten. Der Körper ist mit seinen technischen Verbesserungen verwachsen, ohne sie ist er nicht denkbar – aus diesen frühen Wahrnehmungen, die Kittler geradezu mit Obsession verfolgt und die zur Lebenserfahrung werden, hat Kittler schließlich eine Theorie entwickelt, die sich Medientheorie nannte und so auch rezipiert wurde, die aber weiter reicht und eine Kulturtheorie der Geräte ist, jener Geräte, mit denen und durch die der Mensch mit seiner Umgebung spricht.

Kittlers Theorie war keine modische Reaktion auf eine neue Erfindung, den PC, sondern eine Fortsetzung seines Umgangs mit den Dingen, sie ging aus seinem Leben hervor. Das Leben war immer schon Gerät. Der Computer war bei den Abenden im Restaurant ein mit ebensolcher Aufregung vorgetragenes Thema Kittlers, wie die Flugzugreisen, die er, neben fernöstlichen Frauen sitzend, hinter sich brachte. Seine Vision ging dahin, dass die künstliche Intelligenz endlich den menschlichen Geist überbieten werde, ihn gar abschaffe. Bald, so prophezeite der immer Alterierte, werde dies geschehen.

Es ist kein Wunder, dass Kittler für seinen Kopf extreme Lebensstile und Verhaltensweisen brauchte, dass er Seminare am Baggersee halten, auf dem Podium entweder verschreckt oder frech werden, dass er kostspielige Expeditionen für seine Thesen unternehmen musste. Es musste eben, was er dachte, gelebt sein. Sein Geist ist aus seinem Dasein entsprungen – und wenn der ungemütliche, am Ende schier wirre Zeitgenosse ein berühmter Medientheoretiker geworden ist, ein Klassiker, dessen Nachruhm nun im Deutschen Literaturarchiv beflissen bewirtschaftet wird, so ist das kein Widerspruch: Der Mensch, die «Wunschmaschine», und sein Geist wohnen in dem einen Körper nahe beieinander, und doch können sie, wie Nachbarn so oft, einen ganz unterschiedlichen Charakter haben. Dieser Kopf also hatte zu viel zu verkünden, deshalb war der Mensch am Anfang seiner Karriere schüchtern und am Ende bockig.

Essay

Dirk van Laak

Der kleine Mann

«Der legendäre Kleine Mann / Der immer litt und nie gewann / Der sich gewöhnt an jeden Dreck / Kriegt er nur seinen Schweinespeck / Und träumt im Bett vom Attentat / – den hab ich satt.»[1] Als der Barde Wolf Biermann dieses Schmählied zehn Jahre vor seiner Ausbürgerung aus der DDR 1966 schrieb, wurde auch im Westen diese legendäre Figur für allerlei politisch verantwortlich gemacht. Waren es nicht die kleinen Leute auf der Straße, die die NPD wieder in die Parlamente gewählt hatten und als saturierte Bundesrepublikaner den Demonstrationen der protestierenden Studierenden mit Unverständnis begegneten? Als im April 1968 dann tatsächlich ein Attentat auf Rudi Dutschke verübt wurde, sahen viele aus der Studentengeneration in der Springer-Presse mit der Aufhetzung der kleinen Leute den eigentlichen Hauptschuldigen.

Nach 1945 war die Frage nach den kleinen Leuten politisch neu akut geworden. Wer sind diese kleinen Männer und Frauen? Wie kann man sie beeinflussen? Und kann in Deutschland überhaupt eine Demokratie entstehen mit Menschen, die sich einer Diktatur so willfährig in den Dienst gestellt hatten? Das Ziel der gegenwärtigen Politik, schrieb der SPD-Politiker und spätere hessische Ministerpräsident Georg-August Zinn unmittelbar nach dem Krieg, läge «nicht allein in der Denazifizierung, sondern auch in der Rückgewinnung der Massen, die wir nun einmal in unserem Volk haben».[2] Im Echoraum der Nachkriegsjahre müssen die «Massen» hier als der anonyme Teil der Bevölkerung verstanden werden, der gemeinhin als der «kleine Mann auf der Straße» umschrieben wird. Diese Sozialfigur, ein Nachfolger des «gemeinen Mannes» aus der Frühen Neuzeit, war seit der Wende

1 Wolf Biermann: Die hab ich satt!, in: ders.: Alle Lieder, Köln 1991, S. 185.

2 Sitzungsprotokolle des Regierungskabinetts Karl Geilers, 20. Sitzung vom 11.Februar 1946, S. 404, zit. nach Wolfgang Helsper: Nationalsozialistische Vergangenheit im Parlament. Der Umgang mit Belastung und Entlastung in der hessischen Landespolitik (1945–1966), Marburg 2022, S. 109.

vom 18. ins 19. Jahrhundert den politisch verantwortlichen Amtsträgern, aber auch Intellektuellen und Künstlern zumeist ein Rätsel geblieben.

Der betreute Souverän

Die kleinen Leute, die nicht deckungsgleich sind mit den Kleinbürgern, waren seit den neuzeitlichen Revolutionen zur potentiellen Mehrheit des Volkes und damit des politischen Souveräns avanciert. Das machte ihre Bedeutung aus, die mit jeder Erweiterung des Wahlrechts weiter zunahm. Zugleich war kaum etwas über sie und ihre Orientierungen bekannt. Zwar schienen sie selbst politische Verpflichtungen zu scheuen. Doch konnten sie bei fortlaufenden Verstößen gegen die «moralische Ökonomie», etwa durch zu hohe Steuern oder Brotpreise oder fehlende Arbeit, zu dem mutieren, was Zeitgenossen als «Pöbel» oder «Mob» bezeichneten. Der konservative Staatstheoretiker Adam Heinrich Müller schrieb 1809: «Sobald die Freiheit bloß als die Eigenschaft einzelner Bestandtheile des Staates, z. B. der kleinen Männer, die gerade jetzt auf der Bühne stehen, anerkannt wird [...] so ist die Freiheit selbst ein Begriff, und kann keine andre Kraft begehren, als die der bloßen Masse.»[3]

Anders als der große Mann, der durch zahllose Helden, Aufsteiger, Geistesgrößen oder Märtyrer immer wieder personifiziert und profiliert wurde, ist der kleine Mann kaum greifbar und schwer zu definieren.[4] Die Vagheit dieser Figur scheint eine der Voraussetzungen dafür zu sein, dass sie in der politischen Sprache bis heute so präsent ist und durch verschiedenste Diskurse diffundiert. Denn nur auf diese Weise können Politiker, Intellektuelle, Künstler und andere «Eliten» sich immer wieder zu Interpreten und Fürsprechern einer «ehrlich arbeitenden», aber stets vom sozialen Abstieg bedrohten und «schweigenden» Mehrheit ausrufen. Aber auch in der Selbstbeschreibung wird von der Figur fleißig Gebrauch gemacht. Man sei nur ein «kleines Rädchen im Getriebe» und daher für das große Gewese in der Geschichte nicht verantwortlich zu machen. Jedem ist bewusst, dass es sich bei kleinen Leuten keineswegs um Personen handelt, denen es an körperlicher Größe gebricht – auch wenn es Korrelationen zwischen Körpergröße, Status und Einkommen zu geben scheint.[5]

3 Adam Heinrich Müller: Die Elemente der Staatskunst. Erster Theil, Berlin 1809, S. 211 f.

4 Michael Gamper: Der große Mann. Geschichte eines politischen Phantasmas, Göttingen 2016.

5 Hanna A. Genau und Gerhard Blickle: Wie sich die Körpergröße auf den Berufserfolg auswirkt, in: Forschung & Lehre vom 15. Januar 2021. Vgl. auch den Beitrag von Heiko Hecht in dieser Ausgabe.

Abb. 1
«hör zu, kleiner Mann». Ansage aus der Sozialpsychologie, Wilhelm Reich, 1945.

Comeback nach dem Krieg – der kleine «unschuldige» Mann

Der Schriftsteller Stefan Heym hatte als amerikanischer Offizier das Kriegsende in Deutschland erlebt. Schon im Januar 1946 schrieb er in der *New York Times* ernüchtert, die Deutschen hätten ihre Lektion aus der Niederlage offensichtlich nicht gelernt. Jeder vormalige Nazi würde behaupten, er sei in die Partei gezwungen worden, immer schon dagegen gewesen oder habe mindestens einem Juden geholfen. Zuletzt hieße es fast immer, man sei doch nur ein kleiner Mann, was habe man schon bewirken können? Und da sich dieser kleine Mann nicht verantwortlich fühle, so Heym erstaunt, stelle er nun als neuer politischer Gernegroß Forderungen an die Alliierten, ihm aus seiner unverschuldeten Misere zu helfen.[6]

Das wiederum wollte der ins Exil geflohene Sozialpsychologe Wilhelm Reich ihm nicht durchgehen lassen: «Du bist klein und willst klein bleiben, kleiner Mann», schrieb er nach dem Krieg aufgebracht. «Du bettelst um Glück im Leben, aber Sicherheit ist dir wichtiger, auch wenn sie dich dein Rückgrat, ja dein ganzes Leben kostet.»[7] *(Abb. 1)* Fast immer haben nach Wilhelm Reich die kleinen Leute ihre «wahren Freunde» erschlagen – ganz egal, ob es Heilige (Jesus), amerikanische Präsidenten (Abraham Lin-

6 Stefan Heym: But the Hitler Legend Isn't Dead, in: The New York Times vom 20. Januar 1946.

7 Wilhelm Reich: Rede an den kleinen Mann (1945), Frankfurt/M. 1994, S. 33.

coln), Revolutionäre (Karl Liebknecht) oder jüdische Großbürger (Walther Rathenau) waren.

Reich hatte 1933 die Entstehung des Faschismus auf den autoritätsfixierten Charakter des «Massenmenschen» zurückgeführt. Damit lieferte er das Stichwort zu einer einflussreichen NS-Interpretation, die über die Frankfurter Schule die Sozialwissenschaften infiltrierte und um 1968 besonders begeistert rezipiert werden sollte. Nach dem amerikanischen Vorbild moderner Meinungsforschungsinstitute wurden nach 1945 neue, vornehmlich quantitative Instrumente der fortlaufenden Beobachtung der deutschen Bevölkerung eingeführt. Die erfragten fortan den politischen, den ökonomischen und den sozialen Einstellungen des «Otto Normalverbrauchers» Jahr für Jahr immer detaillierter. Neben der Demoskopie waren es vor allem qualifizierende Sozialreportagen, die den Einstellungsmustern der mehrheitlich «kleinen» Bürger in Deutschland nachspürten.

Im Juli 1949, kurz vor der Gründung der beiden deutschen Staaten, zeichnete der vormalige Kriegskorrespondent der *Times*, Drew Middleton, das Porträt eines fiktiven kleinen Mannes namens «Hans Schmidt». Der sei aufgrund seiner pädagogischen NS Indoktrination noch immer klare und schnelle Anweisungen gewohnt. Den Nationalsozialismus halte «Hans Schmidt» für eine im Grunde gute Sache, die aber schlecht ausgeführt worden sei. «Schmidt» fürchte sich vor den Russen und habe sich vor allem aus Friedenssehnsucht erst einmal auf die Demokratie eingelassen. An den Amerikanern habe ihn die Effizienz beeindruckt, mitten im Krieg einen Präsidentschaftswahlkampf durchzuführen.[8]

Dieser Eindruck einer politischen Konsumentenhaltung sollte bei sensiblen Beobachtern deutscher Mentalitäten noch lange vorherrschen. Hannah Arendt hatte schon im November 1944 vermerkt, dass man die Hauptverbrecher des Vernichtungskrieges rein intellektuell verstehen könne. Der Verstand stocke jedoch bei der Massenkriminalität im Heer der Subalternen. Der große Verbrecher des 20. Jahrhunderts, so die Expertise der Großdeuterin des Totalitarismus, sei letztlich der Familienvater auf großer Abenteuerfahrt. Wenn man ihn zuvor von der Verantwortung für seine Taten radikal freispreche, sei er zu Unfassba-

8 Drew Middleton: Hans Schmidt: Portrait of a «kleiner Mann», in: The New York Times vom 17. Juli 1949.

rem in der Lage.[9] In den NS-Prozessen der Nachkriegszeit zogen «kleine» Frauen eine besondere Faszination auf sich. Prügelnde und quälende KZ-Aufseherinnen galten Zuhörern und Beobachtern als eine Sensation. Doch gerade sie, so der Publizist Jörg Friedrich rückblickend, wussten sich flugs zurückzuverwandeln in «Opfer der Zeit, Opfer ihrer Befehlsgeber und, wie jedermann ersichtlich, die Opfer ihrer weit überforderten Moral».[10] Das sollte dann auch die Abwehrstrategie Adolf Eichmanns auszeichnen, der 1961 in Jerusalem vor Gericht – und unter den kritischen Augen der Gerichtsreporterin Hannah Arendt – behaupten sollte, er selbst sei im NS-Orchester nur ein «kleiner Mann» gewesen.[11]

Der kleine Mann zwischen West und Ost

Nach 1945 mussten Formeln für die gerade abgeschlossene Vergangenheit gefunden werden. Es war der kleine Mann, für den die Zukunftspläne eines demokratischen Neuaufbaus zu entwerfen waren. In den Westzonen und der jungen Bundesrepublik wurde weiter auf ihn gesetzt. So notierte der SPD-Vorsitzende Kurt Schumacher: «Staatsrechtliche Garantien für die Demokratie gibt es nicht, sondern nur Änderung der sozialen Struktur, die es dem Kapital unmöglich macht, wie vor 1933 den kleinen Mann gegen die Idee des Sozialismus und der Demokratie zu mobilisieren.»[12] Diese Strategie sollte nach dem Tod Schumachers im Godesberger Programm neu codiert werden. Von «Kapital» und «Sozialismus» war danach in der SPD kaum noch die Rede, viel jedoch von Aufstieg und steigendem Wohlstand, die dem kleinen Mann zugutekommen sollten. Die «Frau an der Supermarktkasse» oder die «ehrlichen Steuerzahler» blieben feste Referenzfiguren im rhetorischen Portfolio der Sozialdemokratischen Partei.

In der Ostzone und der jungen DDR gab es dagegen eine neue Hierarchisierung der Sozialfiguren. Kurz nach dem Krieg hatte der aus der expressionistischen Lyrik in die sozialistische Führungsriege übergesiedelte Johannes R. Becher Kleinbürger und kleine Leute noch in eins gesetzt. Durch eine «Ideologie des Eigennutzes» und materielle Versprechen sei diese Schicht des Volkes vom Nationalsozialismus korrumpiert worden. Die kleinen

9 Hannah Arendt: Organisierte Schuld, in: dies: Die verborgene Tradition. Acht Essays, Frankfurt/M. 1976, S. 32–45.

10 Jörg Friedrich: Die kalte Amnestie. NS-Täter in der Bundesrepublik, Frankfurt/M. 1985, S. 123.

11 Homer Bigard: Eichmann Spars with Hausner. Says he was never «First Violin», in: The New York Times vom 13. Juli 1961.

12 Kurt Schumacher: Demokratie und Sozialismus zwischen Osten und Westen, in: ders.: Reden und Schriften. Turmwächter der Demokratie, Bd. II, hg. von Arno Scholz und Walther G. Oschilewski, Berlin 1953, S. 66.

Leute, so Becher weiter, hätten am Krieg letztlich mitverdient.[13] Nach der Gründung der DDR verschwanden sie jedoch schleichend aus dem Sprachgebrauch, um in der heroisierenden Figur des «Arbeiters» aufzugehen, der dank einer großzügigen Auslegung die meisten der Berufstätigen zugerechnet wurden. Der pejorative Unterton, der im kleinen Mann oft mitschwingt, hatte im Offizialdiskurs des östlichen Deutschlands keine eigentliche Berechtigung mehr. Die Kleinbürger dagegen wurden in der DDR nach und nach zu einem negativen Stereotyp für Personen, die als korrumpierbar, manipulierbar und indifferent, zudem als egoistisch, aber auch als leicht einzuschüchtern galten. Sie schienen noch Residuen eines bürgerlichen Denkens verhaftet zu sein, das im realen Sozialismus zum Anachronismus erklärt worden war. Nach dem sozialistischen Fahrplan der herrschenden Partei würden sich solche Eigenschaften mit der Zeit notwendigerweise auswachsen.[14]

Neue Angebote für den Durchschnittsdeutschen

In der Bundesrepublik wurde der kleine Mann in den 1950er Jahren erneut von allen Seiten umkreist und umworben. In der *Juristenzeitung* saß er 1952 schon wieder in der ersten Reihe: «Jedenfalls gilt heute nicht mehr die harte Regel einer absolutistischen Zeit: ‹Kleine Leute soll man kurz abfertigen.› Ganz im Gegenteil.»[15] Eine der vielen Publikationen, die dem bundesdeutschen Bürger seine neu erworbene Mündigkeit lehren wollten, stellte 1955 den «Durchschnittsdeutschen» auf folgende Weise vor: Er sei 45 Jahre alt, verheiratet, Büroangestellter, habe drei Kinder, sei fleißig, strebsam, Mitglied diverser Vereine und der Gewerkschaft. Am Feierabend genehmige er sich eine Zigarre zu einem guten Buch, ähnlich wie dies Joe Smith aus Youngstown, Ohio, der *average American* oder Jean Dupois aus Poitiers, der *Français moyen*, zu tun pflegten.

Dieser Querschnittsmensch, dem der Verfasser den Platzhalternamen «Fritz Müller» gab, sei durchaus nicht unsympathisch. Er hoffe, dass es den Kindern einmal besser gehe. Ansonsten wolle er freilich in Ruhe und Frieden gelassen werden. Auch lasse er sich seine Meinung nicht gern vorschreiben. Von «denen da oben» halte er nicht viel und tue das auch öffentlich gern kund.

13 Zit. nach Thomas Ahbe: Der Kleinbürger als Froschkönig. Kleinbürgerstereotype im Offizialdiskurs der DDR, in: Silke Satjukow und Rainer Gries (Hg.): Unsere Feinde. Konstruktionen des Anderen im Sozialismus, Leipzig 2005, S. 179–196, hier S. 179.

14 Ebd., S. 191.

15 Claus Seibert: Der Eid der kleinen Leute, in: Juristenzeitung 7/1952, S. 475 f.

Gerade deswegen hinge der Verhaltenskorridor dieses fleißigen kleinen Mannes letztlich von der Gewährung fundamentaler Menschenrechte ab.[16]

Die «Fritz Müllers» der jungen Bundesrepublik wurden aber nicht in erster Linie mit der Haltung verbunden, auf ihren Menschenrechten zu bestehen. Im Wettbewerb der politischen Systeme war das Argument der Rechtsstaatlichkeit dennoch ein wichtiges Argument. Denn tatsächlich sollten gerade solche individuellen Rechte in der DDR wenig gelten, weil die sozialistische Dogmatik keinen Unterschied zwischen Bürgern und Staat, zwischen Recht und Politik anerkannte.

Das Rechtssystem der DDR besaß einen pädagogischen Grundimpuls und ließ gegen staatliche Instanzen, auf eine vormodern erscheinende Weise, nur Eingaben an hohe Vertreter von Staat und Partei zu. Jede Art von Abweichung, die den Offiziellen als politisch brisant erschien, wurde dagegen bis zuletzt verfolgt und geahndet. Das beförderte auch in Ostdeutschland eine distanzierte Haltung zum Politischen, eine «Ideologie des Überlebens», die sich aus der historischen Erfahrung zweier Diktaturen speiste.[17]

Eine solche «ohne-mich»-Haltung wurde in beiden deutschen Staaten jedoch ambivalent bewertet. Zwar erlaubte sie es den westlichen wie östlichen Entscheidungsträgern, in der Situation des Kalten Krieges weitreichende Entscheidungen zu treffen und dabei – mit Ausnahme der Wiederbewaffnung – auf geringe Widerstände zu stoßen. Dennoch basierten beide Systeme auf dem politischen Bekenntnis sowie dem praktischen Engagement ihrer jeweiligen Staatsbürger.

Die amerikanische Figur der Stunde – der *common man*

Wurde dieser Einsatz für die sozialistische Gemeinschaft in Ostdeutschland von oben vielfach formiert, bildeten sich in Westdeutschland zahlreiche Instanzen der politischen Bildung aus, um politische und soziale Interessen freiwillig zu mobilisieren. Die 1957 gegründete «Aktion Gemeinsinn» etwa erfand hierfür die Figur des «Ohnemichels». Mit ihr sollte eine Bevölkerung, die bereits in den 1950er Jahren eine «Versorgungsmentalität» erken-

16 Herman Ebeling: Kennst Du Deine Rechte? Menschenrecht und Brüderlichkeit. Geschichtliche Entwicklung bis zur Gegenwart (1955), Bad Nauheim 1959, S. 11–16.

17 Beatrix Hochstein: Die Ideologie des Überlebens. Zur Geschichte der politischen Apathie in Deutschland, Frankfurt/M./New York 1984.

nen ließ, zu einem selbstlosen Engagement für das Gemeinwesen stimuliert werden. Als Vorbild für diese Wandlung des deutschen Untertanen in den mündigen Bürger mit kommunitaristischem Gemeinsinn diente erneut die USA.[18]

Der Politologe Otto Stammer hatte sich 1953 ausführlich mit dem «kleinen Mann als Objekt der manipulierten Meinungsbildung in der Sowjetzone» befasst. Seiner Analyse zufolge seien die kleinen Leute in der DDR zu anonymen Arbeitern und Angestellten eingeschmolzen worden. Es handle sich dort um eine «soziale Selbstvernichtung des kleinen Mannes».[19] Dem stellte er als leuchtendes Gegenbild ein westliches Verständnis des kleinen Mannes gegenüber, das sich an der amerikanischen Figur des *common man* orientiere. Dieser *common man* war in den USA während der New-Deal-Ära der Mann der Stunde. 1942 hatte Präsidentschaftskandidat Henry A. Wallace in einer vieldiskutierten Rede sogar das «Jahrhundert des *common man*» ausgerufen. Tatsächlich war die Charakterisierung dieses Typus in den USA weitaus weniger ambivalent als im Fall des kleinen Mannes. Vielmehr wurden seine «heldischen» Potentiale und seine freie, nicht in den Staat eingebundene Persönlichkeit hervorgehoben. Von ihr wurde angenommen, dass sie sich in Situationen der politischen Konkurrenz jederzeit frei entscheiden würde. So sah dies auch der deutschamerikanische Politikwissenschaftler Carl Joachim Friedrich, der sich im selben Jahr zu seinem neuen Zutrauen in den *common man* bekannte.[20] Gerade in den unteren Klassen, so Stammer weiter, sei dieser *common man* mit einem gesunden Menschenverstand, mit kritischem Selbstbewusstsein und dem Bedürfnis ausgestattet, am öffentlichen Leben teilzunehmen. Genau dieser moderne demokratische Typus sei in der «Ostzone» aber unerwünscht, weil er skeptisch gegenüber Obrigkeit, Propaganda und falschem Heroismus eingestellt sei.[21] Bemerkenswert war Stammers Prognose: «Der westliche Typus des kleinen Mannes existiert immer noch in der Zone!», daher seien dort «soziale Bereitschaften und Erwartungen vorhanden (...), die für die Herstellung einer deutschen Einheit eines Tages von großer Bedeutung sein können.»[22]

So weit war es aber noch lange nicht. Vorerst wurden mit der «nivellierten Mittelstandsgesellschaft», so Helmut Schelsky im

18 Vgl. Anja Kafurke: Anstiften zur guten Tat. Die Aktion Gemeinsinn und die (west) deutsche Zivilgesellschaft 1957–2014. Diss. Universität Leipzig 2021.

19 Otto Stammer: Der kleine Mann als Objekt der manipulierten Meinungsbildung in der Sowjetzone, Berlin 1953, S. 13.

20 Carl Joachim Friedrich: The New Belief in the Common Man, Boston, Mass. 1942.

21 Stammer: Der kleine Mann, S. 5.

22 Ebd., S. 22.

**Abb. 2
Großdeutung einer kleinen Figur. Jürgen Eick: Das Jahrhundert des kleinen Mannes (1960), Buchcover.**

Jahr 1953, auch im Westen Deutschlands sozialharmonische Fluchtpunkte identifiziert. Die schienen von den ökonomischen Wachstumsraten, der allgemeinen Orientierung auf den Konsum und dem breiten Ausbau der staatlichen Leistungsverwaltung gedeckt zu sein. Der Mitherausgeber der *Frankfurter Allgemeinen Zeitung*, Jürgen Eick, konstatierte 1960 ganz in diesem Sinn eine schleichende Konvergenz der Lebensweisen von Ober- und Unterschichten. Das Jahrhundert mit all seinen sozialen Zugeständnissen sei den kleinen Leuten so wohlgesinnt, dass man sich fragen müsse, ob es sich überhaupt noch lohne, mehr als ein kleiner Mann sein zu wollen *(Abb. 2)*.[23]

Das war freilich keine zwingende ökonomische Diagnose, sondern mehr ein Zeitbild eines Großbürgers und geübten Leitartiklers. Es lief auf eine Beschwörung von integrativen Effekten der sozialen Marktwirtschaft hinaus, die seit Ende der 1950er Jahre auf Vollbeschäftigung zusteuerte. Das legte es erneut nahe, ausländische Arbeitskräfte anzuwerben, auch um die kleinen Leute von unbeliebten Arbeiten zu entlasten. Die Zeit des kleinen Mannes lief aber schon deswegen nicht ab, weil er als allgegenwärtige politische, soziale und kulturelle Projektionsfläche in der Bundesrepublik noch gebraucht wurde.

23 Jürgen Eick: Das Jahrhundert des kleinen Mannes. Eine zeitkritische Studie, Düsseldorf 1960.

Die wohlfahrtsstaatlichen Leistungen der jungen Bundesrepublik brachten neben dem standardisierten Konsumenten lange vor dem Aufstieg Gerhard Schröders aus kleinsten Verhältnissen ins Kanzleramt die ominöse «Mitte der Gesellschaft» hervor. Wohl gerade deswegen wurde der kleine Mann weiterhin lange mit Eigenschaften charakterisiert, die sich dem aktiven Aufstiegswillen entzogen und die, ähnlich dem Kleinbürger des 19. Jahrhunderts, ein «Beharren im Stande» allen ehrgeizigeren Optionen vorzogen. Und das waren in der Regel diejenigen, die in der Wahrnehmung von Gesellschaftsdeutern ihr Leben lang nicht weiter auffielen, die innerhalb vorhersagbarer Verhaltenskorridore verblieben, die sich als «anständig» und «rechtschaffen» bezeichneten, die keinen Ärger riskierten und allen denjenigen gegenüber misstrauisch verblieben, die aktiv gewisse Spuren in der Geschichte zu hinterlassen versuchten.

Auftritt von «08/15» in Literatur und Film

In den 1950er Jahren, in denen geschichtliche Vorerfahrungen eher im Privaten bewältigt wurden, wanderte die Sozialfigur des kleinen Mannes in Literatur, Film und Fernsehen ein. In den USA war mit dem oscarprämierten Kinoerfolg *Meet John Doe* (1941) wiederum ein Rollenmodell hierfür entstanden. Darin wurde mit Sein und Schein eines Durchschnittsmenschen gespielt, der am Ende für seine etwas tumben, aber immer ehrlichen Überzeugungen belohnt wird. Daher betonte der Film erneut «das Beste, was ein Mensch sein kann», wie mit Blick auf den Hauptdarsteller Gary Cooper vermerkt wurde.[24]

In den deutschen Entsprechungen wurden dem kleinen Mann noch ein wenig List und Pfiffigkeit beigemischt. Heinz Rühmann oder Heinz Erhard verkörperten kleine Leute, die «es faustdick hinter den Ohren» hatten, in zahlreichen Variationen.[25] Den Figuren Inge Meysels, seit der Fernsehserie *Die Unverbesserlichen* (1965–1971) die «Mutter der Nation», und anderer «Volksschauspieler» wohnte oft etwas emblematisch Schicksalhaftes inne. Ähnlich hatten das Hans Fallada, Alfred Döblin oder Irmgard Keun schon in den 1920er Jahren für ihre Romanhelden ausbuchstabiert. Hans-Hellmut Kirsts Gefreiter Asch im Roman *08/15* von 1954 wiederum variierte das Motiv des «braven Soldaten

24 Susan King: Back When Decency was Glamorous, in: Los Angeles Times vom 29. April 2001.

25 Heike Talkenberger: Heinz Rühmann: Der «kleine Mann» als Held, in: Damals vom 21. Februar 2002.

Schwejk», der sich trickreich dem stupiden Drill des Kasernenhofs zu entziehen vermag. Das passendste Genre für all diese Figuren war die Tragikomödie.

Die NS-Vergangenheit tauchte hierbei meist nur indirekt auf. In Österreich war seit 1946 die Theater- und Filmfigur des Bockerer populär, weil der sich als störrischer Wiener Kleinbürger zwischen 1938 und 1945 von den Nazis nicht hatte aus der Ruhe bringen lassen. Damit verkörperte sie eine beliebte Interpretation der Zeit des «Anschlusses». Deutlich abgründiger war Helmut Qualtingers Verkörperung des «Herrn Karl», die 1961 zum ersten Mal im Fernsehen lief. Die zentrale Exkulpationsformel des monologisierenden Grantlers: «Ise ahm eh nix passiert» wurde durch die opportunistischen Brüche seiner Lebensbeichte ad absurdum geführt.[26] Dieser genialen Karikatur der Widersprüchlichkeit stand in Deutschland für lange Zeit in der öffentlich-rechtlichen TV-Erinnerungskultur kein Pendant zur Seite.

Die eigene Handlungsmacht immer dort zu camouflieren, wo es ungemütlich oder riskant zu werden verspricht, zeichnet das Gerede vom kleinen Mann aus. Denn «die da oben» machten ja doch, was sie wollten, man selbst müsse letztlich «für alles bezahlen» und werde «nach Strich und Faden betrogen» – man kennt die Formeln der Verzwergung.[27] Genau das erleichterte es kulturellen Mittlerfiguren, auch Politikern jeglicher Couleur immer wieder, sich eine stellvertretende Sprecherposition anzueignen und im Namen einer vermeintlich nicht artikulationsfähigen Mehrheit Positionen zu beziehen. Dieses paternalistische Sprachmodell ist seit dem frühen 19. Jahrhundert nachweisbar. Daher muss eine noch zu schreibende Geschichte des «kleinen Mannes» nicht nur die einer Projektionsfläche sein, sondern auch sprachmächtige Eliten und ihre populistischen Versuchungen einschließen.

Normal als Leitvokabel

So wie der kleine Mann nicht deckungsgleich mit dem Kleinbürger ist, so wenig geht er konform mit nationalen Repräsentationsfiguren wie dem «deutschen Michel» oder mit dem nationalen «Durchschnittsmenschen». Den hatten vor allem die Sozialstatistik, die Medizin, die Psychologie und andere Wissen-

26 Winfried Garscha: Der «kleine Mann» und die Nazi-Zeit in Österreich. Der Bockerer (Press/Becher 1946), Der Herr Karl (Qualtinger/Merz) und wieder Der Bockerer (Antel 1981), in: Paul Pasteur und Christine Mondon (Hg.): A la recherche de l'Austriacité. Mélanges en hommage à Gilbert Ravy, Rouen 2003, S. 131–141.

27 Vgl. Juliane Stückrad: Die Unmutigen, die Mutigen. Feldforschung in der Mitte Deutschlands, Berlin 2022, S. 26-28.

schaften seit dem 19. Jahrhundert zu berechnen versucht, um das Normale vom Abweichenden, das Gesunde vom Pathologischen zu trennen und dabei in aller Regel ein «heiliges Mittelmaß» zu beschwören.[28] «Normal» wurde seither zu einer Leitvokabel für alle diejenigen, die innerhalb der Korridore des Erwartbaren leben, dabei unauffällig bleiben und nicht mit dem Gesetz in Konflikt geraten. Über diesen Durchschnittstypen will die Werbung mehr wissen und nicht zuletzt eine Politik, die sich an Mehrheiten oder sogar an einer ganzen «Volksgemeinschaft» ausrichtet.

Die kleinen Leute wurden dann zu Adressaten einer Haltung, an die spätestens seit Andrew Jackson, dem ersten US-Präsidenten, der seine bescheidene Herkunft aus Tennessee in politisches Kapital umzumünzen verstand, in erstaunlich kontinuierlicher Weise appelliert wird. Fast immer werden Ressentiments gegen Intellektuelle und professionelle Eliten aufgerufen, gegen einen «steuerhungrigen» und «korrupten Staat», gegen Migranten oder andere Minderheiten. Die Globalisierung, so heißt es weiter, lasse den kleinen Mann sich fremd im eigenen Land fühlen. Die Berufung auf die exklusiv verstandene und vertretene «Volksseele» ist eine der Voraussetzungen für Führerkulte und populistische Bewegungen aller Art gewesen. In ihnen ist eine Kritik an kleinen Leuten schon deshalb nicht opportun, weil die zugleich die hauptsächliche Klientel darstellen.

Wieder anders liegt die Einschätzung bei denjenigen, die von sozialem Aufstieg und gesellschaftlichem Fortschritt träumen. Für sie ist der kleine Mann oft der Inbegriff für unerwünschte Beharrungskräfte, erduldende Passivität, Bildungsferne und andere Eigenschaften geworden, die man bei sich selbst für überwunden hält – oder eben noch in sich spürt. Wenn in diesem Zusammenhang auf verwandte Einstellungen und Mentalitäten zwischen Beschreibenden und Beschriebenen hingewiesen wird, erzeugt das eher Herkunftsscham als Stolz. Der bürgerlichen Leistungsgesellschaft war die Verachtung für selbstgenügsame Menschen ohne Ambition von Beginn an eingeschrieben. Ein philiströses Behagen im *juste milieu* ohne den Wunsch nach individueller Auszeichnung musste ihr daher als rückwärtsgerichtete Befangenheit, als Verblendung und als Kapitulation gegenüber den Verhältnissen erscheinen.

28 Cornelia Brink: Aus der Alltäglichkeit gefallen. Eine Fallgeschichte über Norm, Normalität und Selbstnormalisierung im Kaiserreich, in: Hessische Blätter für Volks- und Kulturforschung 41/2005, S. 37–50.

Diese kleinen Leute schien man an bestimmten Orten, etwa in Kneipen und in Kleingärten, auf Fußball- oder Campingplätzen, in Hochhaus- oder Arbeitersiedlungen anzutreffen. Und es schien sie Indizien wie ihr Dialekt, ihre Orientierung an Spruchweisheiten, aber auch Äußerlichkeiten auszuweisen. Als «Krone des kleinen Mannes» wurde etwa die Baseballkappe beschrieben.[29] Und Friedrich Nietzsche war nicht der Einzige, der vom «Kleiner-Leute-Geruch von Not und Enge» schrieb.[30] Bei jedem sind entsprechende Bilder im Kopf abzurufen. Wie das Beispiel der Tätowierungen zeigt, verschwimmen aber scheinbar eindeutige Zuschreibungen immer wieder.[31]

Letztlich sind die «kleinen Leute» eher kulturelle als soziale Figuren. Fast immer wurde vermutet, dass ein spezifisches Milieu existiert, dem sich in berechnender Weise auch selbst zuschreiben kann, wer in einer entsprechenden Solidargemeinschaft abtauchen will. Ebenfalls eher positiv konnotiert waren die, oft von einer gewissen Sozialromantik durchzogenen, Annahmen eines arbeitsreichen, aber einfachen, echten und authentischen Lebens entlang fester ethischer Grundsätze: die «ehrliche Haut» mit dem «Herz am rechten Fleck». Anlassgebunden waren aber auch abwertende Vorbehalte gegen die kleinen Leute mobilisierbar, die aus unterschiedlichen Richtungen kommen konnten. Entweder wurde ein fehlendes Klassenbewusstsein bei ihnen moniert, ein mangelnder Ehrgeiz oder ein vermeintlich zurückgebliebenes Empfinden in Bezug auf Geschmack und auf Ästhetik.

Dieser Polarisierung entlang der kulturellen wie sozialen Ambition entsprach, ebenfalls seit dem 19. Jahrhundert, die wissenschaftliche Unterscheidung zwischen der «Volkskunde» und der «richtigen» Geschichtsschreibung. Setzte sich Erstere mit denjenigen auseinander, die vermeintlich kaum Spuren in der Geschichte hinterlassen hatten, war Letztere klassischem Verständnis nach lange für die die geschichtsmächtigen Figuren reserviert – die in aller Regel große Männer waren. Aber dann schlug die Stunde des kleinen Mannes auch in der neuen sozialen Geschichtsschreibung.

29 Troy Patterson: The Common Man's Crown, in: The New York Times vom 1. April 2015.

30 Otto Ladendorf: Historisches Schlagwörterbuch, Straßburg 1906, S. 171.

31 Vgl. Moritz Ege: Ein Proll mit Klasse. Mode, Popkultur und soziale Ungleichheiten unter jungen Männern in Berlin, Frankfurt/M. 2013.

Der kleine Mann im «turn» der Alltagsgeschichte

«History from below» war 1966 ein Artikel Edward P. Thompsons in einer Sonderausgabe des *Times Literary Supplement* über «New Ways in History» übertitelt. Darin forderte der marxistische Historiker eine demokratischere Öffnung gegenüber dem *common man*, so wie dies mit ähnlichen Impulsen später die italienische *Microstoria*, die *Subaltern Studies* und die Alltagsgeschichte tun sollten. Die erinnerte Geschichte sollte auch die unteren und marginalisierten Schichten der Bevölkerung umfassen. Die methodischen Ansätze zielten programmatisch darauf ab, die kleinen Leute zum Sprechen zu bringen und ihnen öffentliches Gehör zu verschaffen. Das war die Agenda der *Oral History*, die auch Lebensgeschichten ins Licht rückte, die scheinbar unspektakulär verlaufen waren.

Dennoch waren selbst bei linksliberalen Bürgern erstaunlich abweisende Reaktionen auf solche Impulse zu einer Demokratisierung zu vernehmen. So warnte Hans-Ulrich Wehler 1985 in der *Zeit* vor der Apotheose kleiner Leute in der Alltagsgeschichte: «Glücklicherweise sind die Unterlegenen, die bei so vielen Alltagshistorikern im Mittelpunkt stehen, nicht die historischen Sieger gewesen – mit all ihrem Aberglauben, ihrer Brutalität, ihrem Fremdenhaß, ihrer Fortschrittsfeindlichkeit, woran wohl einmal erinnert werden darf, sondern auf lange Sicht doch die Reformkräfte, die eine Gesellschaft gleichberechtigter Staatsbürger im Auge hatten, die Aufklärer, die Schullehrer, auch die Unternehmer und Gewerkschaftsfunktionäre! (…) Nicht die ‚kleinen Leute› haben jedoch die moderne Dynamik in Gang gesetzt, sondern die neuzeitliche Staatsbildung, der Aufstieg des Kapitalismus, der Übergang zu ‹marktbedingten› Klassen, die Rationalisierungsschübe im kulturellen Leben und so weiter.»[32] Natürlich verteidigte Wehler hier die von ihm so prominent vertretene strukturalistische Logik sozialer Prozesse. Genau gegen deren abstrakte Dynamik gehen heute viele – auch als «klein» apostrophierte – Leute protestierend auf die Straße.

32 Hans-Ulrich Wehler: Geschichte – von unten gesehen. Wie bei der Suche nach dem Authentischen Engagement mit Methodik verwechselt wird, in: Die Zeit vom 3. Mai 1985.

Eigensinn als politischer Grundbegriff

Wehler sollte insofern Recht behalten, als auch die Alltagsgeschichte feststellen musste, dass die kleinen Leute am Ende nur ganz normale Menschen waren. Als solche hatten sie sich in Demokratie und Diktatur nicht emanzipatorischer, heroischer oder niederträchtiger als andere verhalten. Dennoch fanden sie vorübergehend stärkere Aufmerksamkeit in der akademischen und nichtakademischen Geschichtsschreibung – namentlich im Kontext des Widerstands. Der Bundesgerichtshof hatte 1961 einem im Dritten Reich passiv Widerstand leistenden Mann noch entgegengehalten, dass dieser schon einen «lebens- und entwicklungsfähigen Kern des Erfolges» in sich tragen müsse, um als entschädigungsfähig anerkannt werden zu können.[33]

Die Geschichtsforschung «von unten» sollte seit den 1970er Jahren zahllose Belege für die vielen Facetten der Widerständigkeit im Dritten Reich erheben. Sie verbreiterte damit das Verständnis für die Schattierungen zwischen «konformem» und «abweichendem» Verhalten.[34] Mit dem «Eigensinn» wurde dann in den 1980er Jahren ein Zwischenbegriff zu Herrschaft und Widerstand gefunden, «eine des denunziatorischen Tons entkleidete Anerkennung von anderen Verhaltenslogiken und deren Vielfalt», so der Historiker Alf Lüdtke.[35] Damit einher ging eine Anerkennung von komplexen Überlebensstrategien und subversiven Verhaltensweisen, mit denen das eigene Durchlavieren im Alltag gesichert wird, ohne dies gleich als «opportunistisch» zu charakterisieren.

Das verstärkte Interesse für die kleinen Leute seit den 1970er Jahren ging auf die Bildungsexpansion der Nachkriegsjahre zurück. Die schlug auch auf die Forschungsinteressen durch und adressierte zunehmend die Vorgeschichte derjenigen Akademiker, die selbst aus bescheideneren sozialen Verhältnissen kamen. Volkskundler wie Hermann Bausinger reflektierten ihre kleinbürgerliche Herkunft offensiv. Sie arbeiteten zugleich daran, ihrer Wissenschaft die letzten Reste des «Völkischen», der Brauchtumspflege und der Verhaftung in der Idee der «guten alten Zeit» zu nehmen.[36]

Eine Aufwertung von Alltagsthemen gegenüber heroisierenden proletarischen Widerstandserzählungen hatte sich auch in

33 Fritz Bauer: Das Widerstandsrecht des kleinen Mannes (1962), in: ders.: Die Humanität der Rechtsordnung. Ausgewählte Schriften, hg. von Joachim Perels und Irmtrud Wojak, Frankfurt/M./New York 1998, S. 207–214.

34 Vgl. Alfons Kenkmann: Wilde Jugend. Lebenswelt großstädtischer Jugendlicher zwischen Weltwirtschaftskrise, Nationalsozialismus und Währungsreform, Essen 1996.

35 Alf Lüdtke: Eigensinn, in: Stefan Jordan (Hg.): Lexikon Geschichtswissenschaft. Hundert Grundbegriffe, Stuttgart 2002, S. 64–67.

36 Hermann Bausinger u. a.: Abschied vom Volksleben (1970), Tübingen 1986, S. 5. Ders.: Wir Kleinbürger. Die Unterwanderung der Kultur, in: Zeitschrift für Volkskunde 90/1994, S. 1–12.

der DDR abgezeichnet. Schon seit den frühen 1960er Jahren hatte es Impulse wie den «Bitterfelder Weg» gegeben, die arbeitende Bevölkerung selbst zum Schreiben zu veranlassen. Eine wirkliche Bewegung hin zu einer kulturellen Selbstreflexion brachte das zwar nicht hervor, immerhin aber ein gesteigertes Leseinteresse für die «Ankünfte im Alltag» (Brigitte Reimann).

Letztlich schrieben jedoch auch in der DDR mit Ausnahmen weiterhin Intellektuelle über das Leben von Durchschnittsmenschen, und sie hatten dabei eine prekäre Balance zwischen Sozialkritik und Harmonisierung zu wahren. Das erklärt auch die in ostdeutschen Romanen und Filmen oft so gestelzte und bedeutungsschwangere Sprache. Werke wie Erich Loests facettenreiche Schilderungen von Kulturtechniken, mit denen man sich als kleiner Mann den Zumutungen und politischen Bekenntniszwängen der DDR-Gesellschaft entziehen konnte, wurden nach anfänglichem Lob zensiert oder verboten.[37]

Gerade wechselseitige deutsch-deutsche Wahrnehmungen von Alltagsverhältnissen konservierten in der publizistischen Blase der bürgerlichen Leitmedien die Projektionen auf die kleinen Leute. So referierte Theo Sommer 1983 in der *Zeit* ein Buch des langjährigen Ständigen Vertreters der Bundesrepublik in der DDR: «Drüben – da erblickt Günter Gaus ein Staatsvolk der kleinen Leute, konservativ in seiner Grundhaltung, spießbürgerlich in seinen Reflexen, gravitätisch in Stil und Auftreten der Führungsfiguren. Der Kommunist ist entdämonisiert; am Arbeitsplatz herrscht Freiheit von Angst; es gibt im Berufsleben kein Schielen nach oben, keine Angeberei mit der Karriere, keine Zweifel am eigenen gesellschaftlichen Stellenwert. Ansonsten haben sich die Mecklenburger und Sachsen, die Brandenburger und Thüringer in die Nischen des Privaten zurückgezogen, wo sie fern von Staat und Partei ihren Liebhabereien frönen – das Kapitel über das Glück-im-Winkel der Nischengesellschaft ist eines der aufschlußreichsten des Buches.»[38]

Der Osten – «eine Erfindung des Westens»¿ Der Literaturwissenschaftler Dirk Oschmann beklagte in seinem Bestseller, dass der Westen nach der Wiedervereinigung den Osten mit genau den Eigenschaften versehen habe, die zuvor den kleinen Leuten vorbehalten wurden. Denn er werde «durch die politischen und

37 Erich Loest: Es geht seinen Gang oder die Mühen in unserer Ebene. Roman, Halle 1978.

38 Theo Sommer: Und wo liegt nun Deutschland¿ in: Die Zeit vom 14. Oktober 1983.

Abb. 3
Die Revolution der kleinen Leute. Leipzig, Oktober 1989.

medialen Eliten immer als das Abwegige, das Abnormale, das Kleine, das Unzureichende konstruiert.»[39] Zumindest bei den älteren Zeitzeugen der Nachwendezeit traf er damit einen neuralgischen Punkt. Tatsächlich scheint der kleine Mann immer mehr Eigensinn bewiesen zu haben, als dies seinen zahlreichen Interpreten recht war. In einer der am engsten von Geheimdiensten beschatteten und durchleuchteten Gesellschaft wie der DDR wurden weder der 17. Juni 1953 noch der 9. November 1989 vorausgesehen *(Abb. 3)*. Umgekehrt hatte es in den 1950er Jahren *Infratest*-Befragungen von Flüchtlingen aus der DDR gegeben, die überraschende Zustimmung zu einzelnen Aspekten des realen Sozialismus offenlegten, etwa zur Enteignung der Produktionsbetriebe.[40] Das war sicher nicht, was man im Westen von den Übersiedlern hatte hören wollen. Trotz intensiver Bewirtschaftung durch Wissenschaft und Kunst, Demoskopie und geistiger Deutung bleiben der kleine Mann und die kleine Frau weiterhin ein Rätsel.

Das ist zum Teil der Unschärfe dieser Figuren geschuldet. Bei ihnen handelt es sich einer Formulierung des Soziologen Tobias Schlechtriemen zufolge «weder um konkrete Individuen noch um fiktionale Gestalten, sondern um figurative Darstellungen, in denen grundlegende gesellschaftliche Erfahrungen der betreffenden Zeit verdichtet sind».[41] Ein anderer Teil der Erklärung mag

39 «Ich trete dafür ein, sich nicht als Opfer zu verstehen». Homepage des Beauftragten der Bundesregierung für Ostdeutschland vom 13. April 2023 (www.ostbeauftragter.de).

40 Jens Giesecke: Auf der Suche nach der schweigenden Mehrheit Ost. Die geheimen Infratest-Stellvertreterbefragungen und die DDR-Gesellschaft 1968–1989, in: Zeithistorische Forschungen 12 (2015), S. 66–97, hier S. 70.

41 Tobias Schlechtriemen: Sozialfiguren in soziologischen Gegenwartsdiagnosen, in: Thomas Alkemeyer u.a. (Hg.): Gegenwartsdiagnosen. Kulturelle Formen gesellschaftlicher Selbstproblematisierung in der Moderne, Bielefeld 2019, S. 147–166, hier S. 159.

darin liegen, dass die Rede von den kleinen Leuten meist keine originäre Befassung mit diesen signalisiert. Vielmehr verweist sie auf Selbstgespräche der jeweils Argumentierenden, deren Logik fast immer von Polaritäten und Gegenfiguren strukturiert wird. Dafür spricht die anhaltende Faszination für Antagonismen bei der Analyse sozialer Phänomene.[42]

Nicht zu Unrecht ist der kleine Mann als «eine der wirkungsmächtigsten Sozialfiguren» charakterisiert worden, die das 20. Jahrhundert hervorgebracht habe. Er sei «ein Vorführmodell und ein Phantom. Eine Phrase, die immer dann Konjunktur hat, wenn es im gesellschaftlichen Gebälk knirscht». Aber sie biete eben auch ein «rhetorisches Kostüm, das sich jeder zur Selbstviktimisierung überstreifen» könne.[43] Unter bestimmten Umständen erscheint es sogar sinnvoller, nicht zur Mehrheit, sondern zu einer Minderheiten-Fraktion der «Normalabweicher» zu gehören, um Gerechtigkeitsverteilung zu begründen.[44] Nicht nur der Typus bedarf daher der weiteren Ausdeutung, sondern mehr noch die Situationen, in welcher er immer wieder beschworen wird. Nur so wird das Phantom eine Kontur erhalten.

Nach dem Attentat auf Rudi Dutschke im Jahr 1968 schrieb Wolf Biermann auch hierüber ein Lied. Es benannte die Verantwortlichen und forderte die kleinen Leute zu Konsequenzen auf: «Statt dass sie Euch zerbrechen / Zerbrecht jetzt ihre Macht!»[45] Die Adressierten erwiesen jedoch einmal mehr ihren Eigensinn und taten nichts dergleichen. Von den Ereignissen des Jahres 1989 war auch Biermann überrascht.[46] Weniger erstaunlich ist, dass bis heute Uneinigkeit darüber herrscht, wer die deutsche Revolution in Bewegung gesetzt hat,[47] die intellektuellen Avantgarden aus der Opposition oder die kleinen Leute auf der Straße.

42 Dazu Stephan Lessenich/Frank Nullmeier (Hg.): Deutschland – eine gespaltene Gesellschaft, Frankfurt/M. 2006.

43 Nils Marquardt: Kleiner Mann, warum? in: Der Freitag, Ausgabe 20/2016.

44 Vgl. Jürgen Kaube: Otto Normalabweicher. Der Aufstieg der Minderheiten, Springe 2007.

45 Wolf Biermann: Drei Kugeln auf Rudi Dutschke, in ders.: Alle Lieder, S. 211.

46 Wolf Biermann: Gefühle angesichts der Maueröffnung 1989, in: Zeitzeugen-Portal vom 13. August 2011 <www.youtube.com/watch?v=Y_0R-WAi4fwo> (eingesehen am 25. Juli 2023).

47 Vgl. Detlef Pollack: Historischer Irrglaube zur DDR. Es war ein Aufstand der Normalbürger, in: Frankfurter Allgemeine Zeitung vom 12. Juli 2019.

Bildnachweis:
Abb. 1– 2: Wikimedia Commons. – Abb. 3: © picture alliance/ Associated Press.

Kirsten Scheid

Philister über dir

In einem Werk von 1997 öffnet der palästinensische Künstler Khalil Rabah das *Oxford Dictionary* beim Eintrag «Phi.lis.tine». Die geöffnete Seite durchbohrt er mit Nägeln, die er rund um das Lemma in das Papier schlägt, bis alle anderen Einträge verdeckt sind. Einige Nägel sind verbogen – offenbar hat Rabah mehrmals mit Wucht auf sie eingeschlagen. Das Lexikon hat er auf diese Weise unbenutzbar gemacht und die Sprache des Wissens auf stummes Metall reduziert. Lediglich das eine Wort bleibt, das erstens «Angehörige eines Nachbarvolks der Israeliten im alten Palästina» und zweitens Personen bezeichnet, die der «Kultur feindselig oder gleichgültig gegenüberstehen». Während alle anderen Einträge in diesem Lexikon gleichsam unter den Hammer gekommen sind, bleibt die Doppelbedeutung von «Philister» stehen und verweist auf die feindseligen Einstellungen, mit welchen sich Rabah und Kunst aus Palästina im Allgemeinen konfrontiert sehen *(Abb. 1)*.

Die Philister in der Bibel

Im Alten Testament spielen die «Philister» als Nachbarvolk der Israeliten eine tragende Nebenrolle. Wie Letztere widmen sie sich der Landwirtschaft und dem Weinbau. Die Nachbarn treiben Handel miteinander und gehen Mischehen ein. In verschiedenen Phasen herrschen die Philister über die Israeliten – und hin und wieder strafen sie sie auf Geheiß Jahves. Beispielsweise als Gott, wie in der Genesis dargestellt, zunächst Abraham und später Isaak prüfen will. Beide Männer geben ihre Ehefrauen als Schwestern aus – und damit als Bettgesellinnen für die zu dieser Zeit herrschenden Philister frei. Doch die Herrscher finden die Wahrheit heraus und klagen die Israeliten an, dass sie sich durch die Täuschung fast des Ehebruchs schuldig gemacht hätten. Als Strafe vertreiben die Philister die Israeliten aus ihrem Gebiet.

Im Buch Exodus wird berichtet, dass Jahve Mose von seinen Plänen in Kenntnis setzt, die Israeliten aus Ägypten in das «Gelobte Land» zu führen. Er verspricht, ihnen alle anderen Völker aus dem Weg zu räumen, und meint damit auch die Philister. Auch im Buch Josua finden die Philister kurz Erwähnung als diejenigen, von deren Land – dank Gottes Bund mit Mose – «noch sehr viel einzunehmen» bleibt.

Zu den größten Helden der immer wieder Rückschläge erleidenden Israeliten gehört – wie im Buch der Richter dargestellt – Simson. Obwohl der starke Mann mit einer Philisterin verheiratet ist und mit philistäischen Prostituierten verkehrt, bringt Gott ihn immer wieder gegen die Philister auf. Als Simson sich in die Philisterin Delila verliebt, eskaliert der Konflikt. Delila versucht im Auftrag ihrer

Abb. 1
Khalil Rabah, «Phi.lis.tine», 1997,
Oxford Desk Dictionary and Thesaurus and Nails,
10,5 x 26 x 19 cm.

Obrigkeit, das Geheimnis seiner Stärke zu ergründen. Zweimal führt er sie auf eine falsche Fährte, zwei Mal warnt sie ihn zum Schein: «Philister über dir, Simson!» Doch am Ende entlockt sie ihm das Geheimnis, schneidet seine kraftspendenden Locken ab und ermöglicht so seine Gefangennahme. Im entscheidenden Moment gibt Gott Simson seine Stärke zurück, und der israelitische Held bringt ein Haus zum Einstürzen, in dem zahlreiche Philister versammelt sind. Er wird dabei selbst von den herabstürzenden Trümmern erschlagen – eines der ersten Selbstmordattentate der Geschichte.

Als der israelitische David sich gegen den Philister Goliath erhebt, lässt Gott keinen Zweifel daran, dass die Kraft hinter der zarten Hand, die den Stein wirft, vom Allmächtigen höchstpersönlich stammt. Im weiteren Verlauf, in einem vergessenen Teil von Davids Saga, flüchtet der Riesentöter vor dem ewigen Sünder Saul in das Philisterland.

In der Bibel sind die Philister Nachbarn und Rivalen der Israeliten; manchmal werden sie zum Werkzeug Gottes, das dessen Strafen an seiner pflichtvergessenen Schar auszuführen hat. In der Perspektive einer strukturalistischen Mythenanalyse sind die Philister Mittler. Begegnungen mit ihnen wandeln die Helden von Erlösungsgeschichten und befähigen sie, Wesenszüge zu zeigen, die latent bereits vorhanden, aber noch nicht wirkungsvoll waren. Lévi-Strauss verglich die Philister mit der Schlange. Diese Kreatur bringt Adam und Eva dazu, ihre Neugier, ihr Wissen und ihre Handlungsspielräume zu erkunden. Darüber hinaus wohnt dem Mittler eine Erklärungskraft inne: Weil die Schlange Eva verführt hat, muss das erste Paar den Garten Eden verlassen.

Sobald das Neue Testament Gottes eigenen Sohn an die Stelle des israelitischen Helden treten lässt, versiegen die Berichte über die Philister. Doch das Ende ihrer Existenz ist das noch lange nicht.

Deutsche Philister

Eine zweite semantische Karriere des «Philisters» geht auf die deutsche Universitätskultur des ausgehenden 17. Jahrhunderts zurück. Einige Studenten der Universität Jena griffen den Begriff in ihrem Kampf gegen die Wirtsleute der Stadt aus. Dabei ging es ihnen nicht um geistige Fragen. Vielmehr wollten sie in der Wirtschaft ihre Zeche nicht zahlen. Die Wirte verlangten dagegen, dass sie ihre Deckel beglichen. Als selbsternannte «neue Israeliten» beschimpften die Studierenden nun unter anderem ihre krämerischen Kneipiers als «Philister» – vielleicht hat sie dazu ein theologischer Lehrer oder Pastor von der Kanzel ermuntert. Im Laufe der Zeit erweiterte sich das Bedeutungsspektrum, als «Philister» wurden dann auch Stadtwachen und Polizisten bezeichnet, die den Studenten ihre nächtlichen Späße verderben wollten. Später meinte der Begriff gar alle, die nicht im seligen Stand des *studicus* waren. In manchen Burschenschaften hießen auch die Ehemaligen «Philister».

Nachdem das Schimpfwort «Philister» aus der akademischen in die Umgangssprache diffundiert war, hielt es zum Ende des 18. Jahrhunderts auch in die klassische Welt der Hochliteratur Einzug. Johann Wolfgang von Goethe nutzte den Ausdruck in *Die Leiden des jungen Werther*, um einen Beamten als «ein Philister, ein Mann, der in einem öffentlichen Amte steht» zu charakterisieren. In den *Xenien* findet sich der Aufruf: «den Philister verdrieße!» Im zweiten Teil des *Faust* ist von einem «philisterhaft einklemmenden Gedanken» die Rede. Mit der Etablierung dieses Schimpfworts zogen Goethe und andere Klassiker eine Grenze um die literarische Welt. Wie weit war es von hier zum Künstlerkreis der *Davidsbündler*, den der Komponist Robert Schumann 1833 gründete? Dessen Mitglieder forderte Schumann auf, dass sie «todtschlagen sollen die Philister, musikalische wie sonstige».

Hegel ließ den Philister in seinen «Vorlesungen über die Ästhetik» auftreten. Der Philosoph lokalisierte sie in der Provinz: Sie lebten ausschließlich im «engere[n] Kreis des Familienlebens in einem Landstädtchen [...] im Zusammenhang der rings bedingenden und beschränkenden Verhältnisse».[1] Sie gäben sich mit ihren Umständen zufrieden, anstatt ihre Möglichkeiten zu erkennen. Sie fügten sich ihrem Schicksal, anstatt für ihre «Selbstverwirklichung» zu kämpfen. Wirtschaftlich gehörten die von Hegel so verachteten Philister der Mittelklasse an, lebten vom Verkauf ihrer Dienstleistungen und genossen die Vorteile des Konformismus. Malcolm Bull betont, dass der Begriff des Philisters dem Bedürfnis des modernen Europa nach einer neuen Negation entsprach, nachdem Atheismus, Anarchismus und Nihilismus bewältigt waren: «Mit der Übertragung des Wertebegriffs von der Moral auf die Ästhetik war eine neue Form der Negation möglich geworden – das Philistertum als Negation der Ästhetik.»[2]

Hegels Philisterbegriff hat der junge Karl Marx übernommen und politisiert. In seinem «Brief an Ruge» von 1843, in dem er ankündigt, «den Philister und seinen Staat ins Auge zu fassen», beschreibt Marx die Philister als «Herr[en] der Welt» mit Eigentum an Land und Sklaven, jedoch mit übermäßiger Abhängigkeit von ihren gegebenen Umständen. Wie Würmer auf einem Leichnam seien Philister vollkommen unfrei und daher eine Gefahr für die Entwicklung des Republikanismus.

«Die Philisterwelt ist die politische Tierwelt, und wenn wir ihre Existenz anerkennen müssen, so bleibt uns nichts übrig, als dem status quo einfacherweise recht zu geben. Barbarische Jahrhunderte haben ihn erzeugt und ausgebildet, und nun steht er da als ein konsequentes System, dessen Prinzip die entmenschte Welt ist. Die vollkommenste Philisterwelt, unser Deutschland, mußte also natürlich weit hinter der französischen Revolution, die den Menschen wieder herstellte, zurückbleiben; und der deutsche Aristoteles, der seine Politik aus unsern Zuständen abnehmen wollte, würde an ihre Spitze schreiben: ‹Der Mensch ist ein geselliges, jedoch völlig unpolitisches Tier.›»[3]

Als «unpolitische Tiere» sind die Philister für Revolution und Klassenkampf nicht zu gebrauchen. Sie dienen hier als Mittler deutscher Selbstkritik.

Britische Philister

Auf der britischen Insel bediente sich der Schulrat, Dichter und Essayist Matthew Arnold der Figur des Philisters, um seine Vision der Umgestaltung der englischen Gesellschaft zu illustrieren. In *Culture and Anarchy* schmetterte Arnold die kulturkritischen Schmähreden, die Goethe und Marx in Richtung der «Deutschen» gerichtet hatten, gegen «die Briten». Während Ökonomen heute Hoffnungen auf die «Mitte» setzen, klagte Arnold darüber, dass die britischen Mittelschichten ihre materiellen Ressourcen nur zu ihrer eigenen Bequemlichkeit einsetzten. Doch während sich Marx mit den materiellen und wirtschaftlichen Grundlagen des gesellschaftlichen Lebens auseinandersetzte, um die Menschheit zur Entfaltung ihres vollen Potenzials zu ermächtigen, schlug Arnold vor, die Wirtschaft zu «überwinden», um so die Kultur zu voller Entfaltung kommen zu lassen. Sein Hochmut richtete sich vor allem gegen die Angehörigen der Mittelschicht. Dort fand er seine Philister, die keinerlei Wertschätzung für Kultur an den Tag legten und sich folglich mit der reinen Notdurft des Geldverdienens zufrieden gaben. Noch viel schlimmer: Sie glaubten daran, dass der Besitz von Geld großartige Menschen und großartige Nationen hervorbrachte.

Ihr Individualismus bereitete ihm Sorgen. In *Sweetness and Light* von 1869 forderte er neue pädagogische Ansätze, unablässige Bemühungen um vollständige Perfektion und die Nutzung des Wohlstands als Mittel, nicht als Zweck. Aus der Sorge heraus, dass Eigensinn zu Anarchie führen könne, entwickelte er die Vision einer hierarchisch organisierten Bildungsanstalt, ähnlich dem Militär, die eine Vorstellung von öffentlicher Pflicht und Disziplin vermitteln sollte. Er hoffte, so aus Philistern Menschen zu formen, die ihre gemeinnützigen Werte in der gesamten Bevölkerung verbreiten würden. Auch Arnold, den George W. E. Russell als «Mann von Welt» bezeichnete, «dem es völlig an Weltläufigkeit fehlt», nutzte die Philister, um der Gesellschaft einen Spiegel vorzuhalten und sie zur Selbstkritik zu provozieren.

«Filastin» in imperialen Geographien

Bis ins 19. Jahrhundert verwandten die Bewohner der damals unter osmanischer Herrschaft stehenden Verwaltungsbezirke Syrien, Beirut und Jerusalem den Begriff *Filastīn* (فلسطين), wenn sie von ihrer Heimat sprachen. Im Arabischen hängen die Menschen ein «*ī*» an einen Ortsnamen, um zum Ausdruck zu bringen, dass sie aus einem Ort stammen oder dort leben: *Filastīnī*.

Zur gleichen Zeit knüpften auch die europäischen Kolonialmächte in ihren Versuchen, in diese Region vorzustoßen, an die antike Namens- und Denktradition an. Jüngst sind Wissenschaftler aus dem Nahen Osten auf Handelskorrespondenz und Karten aus dem 19. Jahrhundert gestoßen, in denen der Begriff «Philistäa» Verwendung findet. In einem Werk von 1874, das den Titel *The Land and the Book* trägt, schrieb etwa der amerikanische Missionar William McClure Thomson, dass Philistäa unter der Hand von tüchtigen Bauern schnell zu seiner alten Blüte zurückkehren würde. Dies könne allerdings nur dann erreicht werden, wenn man die Beduinen tief zurück in die Wüste dränge, wo sie unter einer stabilen Führung festgehalten werden müssten. Es könne weder Weinbau noch Feigenplantagen oder Gemüsegärten geben, solange diese Plünderer mit ihren Herden allesfressender Kamele weiterhin ihr Unwesen trieben. Nach Angaben des Wirtschaftshistorikers Ahmad Amara dachte McClure dabei an die Wüste Negev, die zu seiner Zeit mit Gerstenfeldern bedeckt war. Durch die Bezeichnung des Gebiets als «Philistäa» war es möglich, einen westlichen Anspruch auf das noch unter osmanischer Herrschaft stehende Land zu formulieren. Bekanntermaßen beruhten koloniale Bestrebungen häufig auf solchen umgekehrten Zeitreisen. In diesem Fall zwangen die angehenden Kolonisatoren, die sich als neue Israeliten imaginierten, die örtliche Bevölkerung dazu, die Philister von «Philistäa» zu sein. Seit dem späten 19. Jahrhundert trug der Zionismus dazu bei, dass die Region wieder unter dem römischen Namen Palästina bekannt wurde.

Philister in der Kunstwelt

Nun konnten die antiken Philister – auch wenn sie kunstvolle Keramik schufen – noch keine Kunstkenner im Sinne des deutschen Idealismus sein. Die philistischen Spießer des langen 19. Jahrhunderts waren per definitionem Kunstverächter und sie lebten fern des Nahen Ostens. Palästina ist im 20. Jahrhundert zu einer Region geworden, wo Imaginationen eines erneuerten Kampfes zwischen Israeliten und Philistern zu einer nicht enden wollenden Kaskade von Gewalt geführt haben. Die Provokation von Khalil Rabahs Werk «Phi.li.stine» liegt eben darin, dass er die drei separaten geistesgeschichtlichen Traditionen, die im Philisterbegriff sedimentiert sind, aufeinander und auf die Gegenwartskunst bezieht. So zeigt er das Verbindende dreier Traditionen verschiedenen Alters an, in der der Philister in immer neuen Varianten der andere ist, von dem es sich abzugrenzen gilt und der eine Bedrohung darstellt. Doch gleichzeitig ist der Philister der Mittler, der dem «Israeliten» sein Gegenbild vorhält und ihn zur Veränderung aufruft.

Mit Rabahs Kunstgriff rücken die Palästinenser/*Filastīnis* ins Zentrum einer Diskussion über das Verhältnis zwischen Unterordnung und ästhetischem Wert. Künstler aus Palästina sind heute im deutschen und internationalen Kunstmarkt in einem Dilemma, das offenbar eine lange Vorgeschichte hat. Um anerkannt zu werden, müssen sie aus der Anti-Kunst-Matrix des Philisters ausbrechen. Gleichzeitig müssen sie akzeptieren, auf ihren ethnischen Herkunftsnamen reduziert zu werden, wenn sie die sozialen Funktionen ihrer Kunst aus einer besonderen politischen Lage begründen wollen. Aus dem Spannungsfeld zwischen Erlösung durch den Kunstmarkt und Verleugnung ihrer Herkunft gibt es bis heute für Kunst aus Palästina kein Entkommen. Die Polaritäten, die das Kunstdenken seit dem 18. Jahrhundert strukturiert haben, wirken weiter.

Dennoch sind Philister/*Filastīnīs*/Palästinenser recht häufig in der internationalen Kunstszene vertreten. Zu den international wichtigsten zeitgenössischen Kunstschaffenden zählen neben Khalil Rabah, der seine Werke im Centre Pompidou, im Kunstverein Hamburg, im Paço Imperial Rio de Janeiro und im Künstlerverein Walkmühle in Wiesbaden ausgestellt hat, auch Mona Hatoum, die 2022 bei der Berlin Art Week zu Gast und mit Einzelausstellungen an der Tate Britain, Tate Modern und am Institute for Contemporary Art in Boston vertreten war. Emily Jacir, die Gewinnerin des Hugo-Boss-Preises der R. Guggenheim Foundation, zeigt ihre Werke im Museum of Modern Art, New York, in der Whitechapel Gallery, London, und im Palazzo delle Papesse, Siena. Alle drei waren mit ihren Werken bei ikonischen Kunstveranstaltungen wie der Biennale von Venedig und der *documenta* (seit 2011) vertreten. Und doch – daran erinnert Rabahs *Phi.lis.tine* den Betrachtenden – stehen palästinensische Künstlerinnen und Künstler in einem paradoxen Widerspruch zum universalen Kunstbegriff in der Tradition des Humanismus: Sie werden als Philister markiert, das heißt als «Angehörige eines Nachbarvolks» und als Personen, die der Kultur «feindselig oder gleichgültig gegenüberstehen».

1 Georg Friedrich Wilhelm Hegel, Vorlesungen über die Ästhetik I, Frankfurt/M., 9. Auflage 2013, S. 340; zum Philister siehe auch Teil II, S. 85 f. und 219 f.

2 Malcom Bull: «The Ecstasy of Philistinism», in: New Left Review, I/2019, Sept./Okt. 1996, S. 56.

3 Karl Marx, Brief an Ruge, Köln, im Mai 1843 und «Briefe aus den Deutsch-Französischen Jahrbüchern», in: Karl Marx / Friedrich Engels: Werke Bd. 1, Berlin 1981, S. 339.

Bildnachweis: © Dalloul Art Foundation.

Heinz-Gerhard Haupt

Wir Kleinbürger

Der spätere Bundeskanzler Ludwig Erhard korrigierte einmal die Feststellung des Journalisten Günter Gaus, er stamme aus einer kleinbürgerlichen Familie, mit dem Hinweis: «Nein, aus einer gutbürgerlichen.» In diesem Wortwechsel über die soziale Herkunft blitzt zweierlei auf: Der Gebrauch des Adjektivs «klein» ist in Selbstbezeichnungen seltener als in Fremdzuschreibungen, in beiden ist es aber negativ konnotiert. Dies zeigt sich im deutschen Wortschatz vor allem bei den Bezeichnungen der Kleinbürger. Diese werden zwar sozial neutral auch als die «Angehörige(n) der Mittelschicht zwischen Proletariat und Bourgeoisie» gefasst, seit dem 19. Jahrhundert und anfänglich durch Ludwig Börne aber auch abwertend als «Spießbürger». Spießbürgern wurde Borniertheit, Lokalpatriotismus, Kirchturmpolitik, Rückständigkeit zugeschrieben. Goethe rechnete sie den «Philistern» zu, die er kennzeichnete durch «stockende Pedanterie, kleinstädtisches Wesen, kümmerliche äußere Sitte, beschränkte Kritik, falsche Sprödigkeit, platte Behaglichkeit, anmaßliche Würde».

In zahllosen Varianten wird das Attribut «klein» benutzt, um innerhalb der männlichen Bevölkerung – Frauen spielten dabei keine Rolle – soziale Gruppen zu isolieren und sich von ihnen distinktiv abzusetzen. Im 19. Jahrhundert werden die Rangordnungen im Gewerbe und Handel mit dem Attribut «klein» / «groß» ausgedrückt wie auch die rechtliche Unterscheidung in den Städten zwischen jenen, die Bürgerrecht besaßen, und denen, die lediglich Einwohner waren. Diese Abstufungen waren eine deutsche Besonderheit. Denn in Frankreich spielte der Unterschied zwischen der Bürger- und der Einwohnergemeinde keine Rolle, und der Unterschied zwischen *petits patrons* und *grands patrons* bezog sich lediglich auf das Ausmaß der Geschäfte. Im englischen Sprachraum genossen die kleinen Händler als *shopkeeper* einen sozialen Namen, nicht aber zugleich eine charakterologische Zuschreibung.

In Deutschland wird die rechtliche Unterscheidung zwischen dem durch ein spezifisches städtisches Bürgerrecht privilegierten Bürgertum und den Handwerkern, Kaufleuten oder Gastwirten, die davon ausgeschlossen waren, aufgebläht zu einem eigenen Sozialtypus, den «Kleinbürgern». Dieser gehörte zu den «Fußkranken des Fortschritts» (Langewiesche) und klammerte sich anscheinend an die altständische Wirtschafts- und Gesellschaftsstruktur, an ein traditionelles Leben in kleinräumigen Einheiten. Der Begriff wird aus der sozialen Situation des vorindustriellen Deutschland zu einem langlebigen Typus verwandelt, der für Kleinlichkeit, Pedanterie, Engstirnigkeit, Spießigkeit steht und bis heute in dieser Konnotation benutzt wird. Sogar einem Familienauto mit Knautschzone wie dem Volvo kann es passieren, als «Kleinbürgerpanzer» abgewertet zu werden.

Auch in der politischen Sprache behauptete das Präfix «klein» seinen Platz. Die Abgrenzung von «Großen Männern» spielte dabei eine wichtige Rolle, wie in der französischen Literatur mit ihrem Hang zur Karikatur sozialer Milieus augenscheinlich wird. Victor Hugo maß Napoleon III. in einer Polemik 1850 abfällig an den großen Herrschern der Vergangenheit und schloss auf seine geringe Bedeutung: «Il n'a pas cette dignité que les grands despotes d'Orient et d'Occident melent à la férocité. L'ampleur césarienne lui manque.» Darin spiegelt sich für Hugo der Niedergang des großen französischen Volkes wider. Für ihn ist der Absturz aus dem prallen Leben, den großen Taten, den freiheitlichen Ruhm in die «Orgie der Ordnung» ein Charakteristikum der französischen Gegenwart. Die Bezeichnung «Napoleon le Petit» soll diese Dekadenz ausdrücken.

Die gesellschaftliche Sandwichposition zwischen Bourgeoisie und Arbeiterklasse prägte das Bild der kleinen Bürger. Aus ihr wurde von Anarchisten und Sozialisten auf eine wankelmütige, opportunistische Haltung zwischen zwei starken, in sich auch weltanschaulich geschlossenen Polen gefolgert. Maxim Gorki beschrieb im Revolutionsjahr 1919 die Erklärungen, die «der Kleinbürger gibt, um sich selbst und seine passive Rolle im Kampf ums Dasein zu rechtfertigen». Das Kleinbürgertum ist – «der seelische Charakterzug der herrschenden Repräsentanten der herrschenden Klassen der Gegenwart. Die Grundzüge des Kleinbürgertums sind ein krüppelhaft entwickeltes Gefühl des Eigentumsrechtes, ein stets hochgespanntes Verlangen nach innerer und äußerer Ruhe, eine dunkle Angst vor allem, was auf irgendeine Weise diese Ruhe verscheuchen könnte, und ein hartnäckiges Streben, sich so rasch als möglich alles erklären zu können, was das gewohnte Gleichgewicht der Seele ins Schwanken bringt und die gewohnten Ansichten über das Leben und die Menschen stört.» Das Kleinbürgertum waren in dieser Linie nicht die kleinen Leute, deren Emanzipation und soziale Besserstellung sich die Sozialdemokratie auf ihre Fahnen geschrieben hatte. «Die vom selbständigen Mittelstand hochgehaltenen Werte verloren nicht bloß ihre Flexibilität: sie wurden reaktionär.»

So geriet der Kleinbürger zwischen alle Stühle. Dem Bildungsbürgertum diente er als verhaltensunsichere Kontrastfigur zur eigenen Nobilitierung. Vom Standpunkt des Proletariats war er ein wankelmütiger Geselle, der schnell zu reaktionären oder faschistischen Parteien überlaufe. Der Soziologe Urs Jaeggi hat betont, dass der Kleinbürger sich leicht «in jene Hülsen pressen läßt, die sich Intellektuelle und Literaten» ausdenken. So tauchen Kleinbürger in unterschiedlichem Gewand und mit variierender Bedeutung als Figuren in der Literatur auf, die von Honoré de Balzacs *Die Kleinbürger* über Julius Stindes *Familie Buchholz* und Theodor Fontanes *Frau Jenny Treibel* bis zu Falladas *Kleiner Mann – was nun?* und Bert Brechts *Die sieben Todsünden der Kleinbürger* reichen. Stehen sie hier für Klassendünkel und Aufstiegswünsche, so gehören sie dort zu jenen, die hartnäckig um ihren Status kämpfen.

In der Nachkriegsliteratur der Bundesrepublik formieren sich dagegen auch andere Stimmen. Martin Walsers Helden in seinen Gesellschaftsromamen sind durch ihre kleinbürgerliche Herkunft bestimmt. Mit dem Begriff der «kleinen Leute» hob schon Kurt Tucholsky auf «Handwerker, Kleideraufkäufer, Althändler» ab, die in der Pariser Rue Mouffetard wohnten, und sah sie als Opfer staatlicher Finanz- und Steuerpolitik: «weil sich das Vaterland, wenn es Geld braucht, niemals an die großen Industriekapitäne wendet und an die Agrarier, weil das unbequem ist, sondern lieber den kleinen Leuten ihren letzten Sparpfennig aus den Taschen holt.» Bereits im 19. Jahrhundert sieht Ferdinand Lassalle die kleinen Leute durch das System der indirekten Steuern benachteiligt. In dieser wirtschaftlichen Benachteiligung versuche der Kleinbürger eine eigenständige Ökonomie zu entwickeln, wie Gustav Schmoller 1870 feststellte: «Der kleine Mann, der ein eignes Haus, einen Garten hat, kann immer noch bestehen können, wenn auch schlechter als früher; man rechnet in diesen Kreisen nicht so, wie bei der großen Industrie und dem großen Handel.» Heinrich von Treitschke jedoch hob 1879 auf eine Selbstentmachtung der kleinen Leute im Zuge einer bürgerlicher Verlustgeschichte ab: «Ein Menschenalter voll namenlosen Leiden hatte den bürgerlichen Muth gebrochen, den kleinen Mann gewöhnt vor dem Mächtigen zu kriechen.» Um gegen diese Selbsterniedrigung anzugehen, sei es notwendig, wie Schulbuchautoren vorschlugen, die produktive Leistung der kleinen Männer zu betonen: «Die kleinen Männer haben uns reich gemacht, wir müßten uns doch dankbar dafür bezeugen.» Nicht ein Loblied der kleinen Leute will der Tübinger Volkskundler Hermann Bausinger unter dem Titel *Wir Kleinbürger: Die Unterwanderung der Kultur* anstimmen, aber auch er hat auf ihre Bedeutung als Pappfigur für Zuschreibungen hingewiesen: «Man wendet sich zwar gegen die Flachheiten und Dürftigkeiten der Volkskultur, der Massenkultur, verteidigt diese aber prinzipiell gegen die exklusiven Ansprüche der Hochkultur, die alles jenseits ihres Reviers als Reflex einer übermächtigen Ökonomie abwertet.»

Fragt man sozialgeschichtlich, ob die dem Kleinbürgertum zugeschriebenen Verhaltensweisen ihrer realen Situation entsprachen, so kommt man zu einem anderen Urteil. Handwerksmeister und Kleinhändler als der soziale Kern des kleinen Bürgertums waren auf die begrenzten Märkte der Städte oder Dörfer angewiesen, für die sie produzierten oder die sie mit Lebensmitteln versorgten. Sie prägten auch in zahlreichen europäischen Gesellschaften den städtischen Raum. Wenn sie auch im 19. Jahrhundert zunehmend die Straßen und Plätze verließen, die ihren Namen trugen, so blieben sie doch sesshafter als andere soziale Gruppen. In Düsseldorf etwa verblieben die Angehörigen des Kleinbürgertums häufiger in ihrem angestammten Stadtviertel als die Arbeiter. Auch im *Quartier de la Gare* in Paris verließ in den zehn Jahren zwischen 1896 und 1906 zwar die Hälfte der Meister und Prinzipale das Viertel, aber die andere Hälfte blieb dort wohnen. Vor allem jene Berufe, deren Wahl hohe Anfangsinvestitionen verlangten – wie Schlachter oder Bäcker –, neigten zur Sesshaftigkeit. Für Lyon hat Jean-Luc Pinol geschlossen: «Einen Laden besitzen, heißt das Individuum sesshaft machen und seine Mobilität reduzieren.» Diese länger andauernde Präsenz in einer hochgradig mobilen Gesellschaft führte dazu, dass die Handwerker und Kleinhändler zu den Polen der Stabilität gehörten, die in einer sich verändernden Umgebung Dienstleistungen, Kredite und Formen der Geselligkeit anboten. Über den reinen Kaufakt hinaus fungierten sie als «Bankiers der Armen» (Madeleine Rébérioux), die Rechnungen stundeten (das «Anschreiben») und in Notfällen sogar auf die Bezahlung verzichteten. Sie boten auch in Läden und Werkstätten Orte der Geselligkeit. So versammelten sich im französischen Burgund die Männer sonntags während der Messe im Laden des Friseurs. Dort «konnten sie Klatsch- und Jagdgeschichten erzählen, während sie um den Eisenofen herumstanden». Krämer-, Bäcker- und Schlachterläden gehörten zu weiblichen Geselligkeitsorten.

Der Hausbesitz verband Handwerksmeister und Kleinhändler mit ihrem lokalen Umfeld. Im Ersten Arondissement von Brüssel stellten Kleinbürger 44 % der Hausbesitzer, während in der nordfranzösischen Industriestadt Roubaix vor allem Kleinhändler und Handwerksmeister in der zweiten Hälfte des 19. Jahrhunderts Besitzer von Wohnungen waren. In Leipzig besaßen 41 % der Schlachter und 40 % der Bäcker ein Haus, aber nur 3 % der proletarisierten Schuster. Sowohl die Konzentration auf den lokalen Markt als auch die langfristige Ansiedlung in Stadtvierteln und Städten verstärkt durch den Hausbesitz banden das Schicksal der Kleinbürger an den Ort, in dem sie wohnten. Ihr Lokalpatriotismus war mithin mit Realitätssinn verquickt und entsprach ihrer Interessenlage.

Wichtige Entscheidungen, die den Kleinbürger direkt betrafen, wurden in den Rathäusern ihrer Heimatstädte getroffen. Straßenführungen, Hygienegesetze, der Bau eines Schlachthauses oder die Einführung von Konsumsteuern beeinflussten direkt die Gewinn- und oft auch die Überlebenschancen von Handwerkern und Kleinhändlern. Da Sozialgesetze wie die Einführung der Sonntagsruhe immer auch lokal durchgesetzt werden mussten, konnten die Kleinbürger Einfluss auf die Modalitäten und Grenzen von sozialen Veränderungen nehmen. Nicht das falsche Bewusstsein einer Klasse, sondern die konkreten Lebens- und Arbeitsbedingungen legten für die kleinen Bürger die Konzentration auf die Stadt und die Situation in ihr nahe und führten zu Mentalitäten, die diesem begrenzten Raum entsprachen.

Heute findet sich der kleine Mann im Begriff des «Mittelstandes» oder der «Mittelklasse» eingruppiert. Auch unter der neuen sozialen Fahne wird ihm weiter Sekuritätsdenken oder Konformismus vorgehalten, aber zugleich wird er auch als Anker einer polarisierten Gesellschaft gepriesen, die von einer «Mitte» aus zu regieren sei.

Eva Seemann

Nicht ohne meinen Zwerg

An Größenwahn war das Celebrity-Event des Jahres 1863 kaum zu übertreffen: Mitten im amerikanischen Bürgerkrieg gaben sich am 10. Februar in Manhattan's Grace Church zwei der berühmtesten Schausteller des 19. Jahrhunderts das Ja-Wort: Charles Stratton, besser bekannt als «General Tom Thumb», und Lavinia Warren. Bereits im Vorfeld hatten die beiden Kleinwüchsigen die staunenden Massen angezogen. Mit ihrer Körpergröße von ca. 80 cm und ihrem proportionierten Äußeren gehörten sie seit mehreren Jahren zu den Hauptattraktionen von P. T. Barnums *Freak Show* im American Museum, wo Charles Stratton als Napoleon *(Abb. 1)* und Lavinia Warren als vornehme Lady präsentiert worden war. Ihre «Miniaturhochzeit» wurde als Jahrhundertspektakel inszeniert: Sämtliche großen Zeitungen berichteten von dem Ereignis, das bereits Wochen und Monate zuvor extensiv beworben worden war. Schon Stunden vor der Hochzeit füllten sich die weiträumig abgesperrten Straßen vor der Kirche mit einer Zuschauermenge. Das Brautpaar fuhr in einer eigens angefertigten Miniaturkutsche vor und wurde von zwei ebenfalls kleinwüchsigen Trauzeugen begleitet. Unter den 2000 geladenen Hochzeitsgästen war das *Who's who* der amerikanischen Upperclass und Führungselite.[1] Präsident Lincoln und seine Frau waren leider verhindert, luden das frischvermählte Paar aber nur wenige Tage später zu einem exklusiven Dinner ins Weiße Haus. Ein aufmerksamer Beobachter des *Washington Star* bemerkte: «The President, in the course of the evening, remarked to General Thumb that he had thrown him completely in the shade; that he, the General, was now the great center of attraction.»[2] Noch am selben Abend bekam der Präsident der Vereinigten Staaten die Gelegenheit, diese Schieflage geradezurücken. Von seinem jüngsten Sohn Tad gefragt, warum er so groß und die beiden Gäste so klein seien, antwortete Lincoln: «‹My boy, it is because Dame Nature sometimes delights in doing funny things. You need not seek for any other reason; for here you have the short and the long of it,› pointing to the General and himself.»[3] Und alle Anwesenden lachten, wie Lavinia Warren in ihrer Autobiographie versichert.

Abb. 1
Charles Stratton als Napoleon in P. T. Barnums «Freak Show», American Museum.

Die Faszination für außergewöhnlich kleine Menschen – bis weit ins 20. Jahrhundert hinein «Zwerge» oder «Liliputaner» genannt[4] – hat eine lange Geschichte, und mindestens genauso lang ist die Geschichte der Beziehung zwischen diesen kleinwüchsigen Männern (und Frauen) und den vermeintlich «großen Männern» des Weltgeschehens. Seit der Antike umgaben sich «große Männer» auffallend oft mit den Kleinsten ihrer Untertanen, lebten Kleinwüchsige in nächster Nähe zu Pharaonen, Kaisern, Fürsten und Adligen. «Hofzwerge» gab es im China der Tang-Dynastie, beim Aztekenherrscher Moctezuma, im westafrikanischen Königreich Benin, im Osmanischen Reich und an sämtlichen europäischen Höfen des Spätmittelalters und der Frühen Neuzeit.[5] Bis weit ins 18. Jahrhundert, an manchen Orten sogar noch deutlich später, traten Alleinherrscher und Monarchen zusammen mit «Zwergen» auf. Ihre demokratisch gewählten Nachfolger luden kleinwüchsige Schausteller immerhin noch zu «Audienzen» ein.

Die Großen und die Kleinen, so scheint es, sind auf eigentümliche Weise aufeinander angewiesen: Die einen brauchen die anderen, um zur Geltung zu kommen, und umgekehrt. Größe, das lehrt diese Geschichte einmal mehr, ist immer relational. Das Verhältnis von kleinen und großen Männern wirft aber auch eine Reihe weiterer Fragen auf, die seit einiger Zeit neben der Körper- und Medizingeschichte auch die *Disability History* beschäftigen.[6] Was sagt der Umgang mit außergewöhnlich kleinen und großen Menschen über die gesellschaftliche Produktion von Normalität und Differenz aus? Welche Rolle spielt die Körpergröße (neben anderen Differenzkategorien) in Ritualen von Macht und Herrschaft? Setzt die Ausübung von Macht körperliche Größe voraus, und ist diese Größe männlich konnotiert? Bedeutet Kleinsein andersherum zwangsläufig immer einen Verlust von Macht und Männlichkeit, oder kann es in bestimmten Kontexten auch als Vorteil dienen?

Im Europa der Frühen Neuzeit jedenfalls waren «Zwerge» ein *Must-have* der Adels- und Fürstengesellschaft. Agenten wurden ausgeschickt und Amtsträger angewiesen, um die begehrten Kleinwüchsigen zu finden, die sich schon aufgrund ihrer Seltenheit hervorragend als Statussymbole eigneten. «So solle Euer Liebden uns glauben», klagte Herzog Albrecht von Preußen seinem künftigen Schwager Erich II. von Braunschweig im Januar 1550, «das wir jetzo so vielfaltig durch unsere Herren und Freunde um solche Zwerge angesucht werden», dass es unmöglich sei, in naher Zukunft noch weitere von ihnen zu finden.[7] Kleinwüchsige Menschen galten als Wunder der Natur, waren rätselhaft und unerklärlich, eng verbunden mit dem Magischen und Mythologischen. Sie an den eigenen Hof zu holen, war für sich genommen bereits eine Geste der Machtdemonstration. Indem man sich mit «Zwergen» und anderen «Körpersensationen» umgab, zeigte man sich als Herr über die Wunder der Welt, über das Kleine und Große – und damit auch als jemand, der seltene Naturerscheinungen zu kontrollieren vermochte. Das Unerklärliche wurde gezähmt, indem es in Vergnügen verwandelt wurde. An den europäischen Höfen galten «Hofzwerge» neben Hofnarren daher vor allem als «Melancholievertreiber» und waren beliebte Unterhalter bei der Tafel.[8]

Darüber hinaus brachte die Anwesenheit der kleinen Männer (Frauen blieben in der Minderzahl) auch ganz konkrete visuelle Vorteile. Zum einen waren «Hofzwerge» stets durch ein Mehr an Sichtbarkeit gekennzeichnet. Sie erregten Interesse und Bewunderung und ließen sich daher bestens für die öffentliche Herrschaftsrepräsentation und Strategien der visuellen Aufmerksamkeitslenkung nutzen. Seit dem Spätmittelalter wurden «Hofzwerge» beispielsweise regelmäßig in übergroßen Pasteten versteckt, aus denen sie zur allgemeinen Überraschung hervorkommen sollten.[9] Zum anderen wirkten «Zwerge» anders als «Riesen» in der Regel nicht bedrohlich, sondern galten als harmlos und ungefährlich. Sie waren einem Fürsten von vorneherein vertikal untergeordnet und konnten daher im Wortsinn auch nicht auf ihn herabblicken. Für die Anwesenheitsgesellschaft vormoderner Monarchien war das von entscheidender Bedeutung: Die Gegenüberstellung mit einem kleinen Mann ließ einen Fürsten optisch größer erscheinen (oder überhaupt erst zum Vorschein kommen), weshalb «Hofzwerge» bei feierlichen Ein- und Umzügen häufig in unmittelbarer Nähe zum Herrscher platziert wurden. Dem vielfach herausgehobenen Körper des Fürsten und dem einzigartigen Körper eines «Hofzwergs» kam nicht selten ein gegenseitiger Verweischarakter zu.

Auf diese Art ist auch die Mitte des 16. Jahrhunderts aufkommende Mode zu erklären, sich mit dem eigenen «Hofzwerg» zu porträtieren *(Abb. 2)*. Der eine Körper wurde hier zum Maßstab des jeweils anderen. Der kleine Mann brachte den (halbwüchsigen) Großen hervor und garantierte zugleich, dass er ihm nicht eines Tages über den Kopf wachsen würde, was vor allem bei Fürstensöhnen ein nicht unerhebliches Problem darstellte. Monumental gesteigert wurde diese Beziehung zwischen Fürst und «Zwerg» im Markgrafenbrunnen in Bayreuth, einem 1705 fertiggestellten Denkmal für die erfolgreiche Teilnahme Markgraf Christian Ernsts an der Befreiung Wiens von der Osmanischen Belagerung im Jahr 1683, das sich heute auf dem Vorplatz des Neuen Schlosses befindet *(Abb. 3)*. Das fünf Meter hohe Reiterstandbild von Elias Räntz zeigt den Markgrafen als «Türkenbesieger» auf einem sich aufbäumenden Pferd, und zwar ganz konkret: Er reitet über einen «Türken» mit schmerzverzerrtem Gesicht hinweg. Zu Füßen des Pferdes steht auf der anderen Seite sein «Hofzwerg» Johann Tramm, genannt «Marquis sans Pareil», als verkleinertes Ab- und Spiegelbild seines Herrn. Er hält das Spruchband mit der Herrschaftsdevise des Markgrafen: «PIETAS AT OMNIA UTILIS» – «Die Frömmigkeit nützt jedem Zweck». Wie die Figur des Markgrafen war die Figur des «Hofzwergs» ursprünglich vergoldet.[10]

Doch die Abhängigkeit der großen und kleinen Männer beruhte auf Gegenseitigkeit. Auch die Kleinwüchsigen waren auf die Aufmerksamkeit und Zuwendung des Herrschers angewiesen, der ihnen ein sicheres Auskommen und eine oft materiell privilegierte Stellung am Hof ermöglichte. Während das Amt des «Zwergs» für manche der einzige Ausweg aus bitterer Armut war und mit zweifelhafter Anerkennung und Spott einherging, erwies sich Kleinwuchs für andere – vor allem männliche – «Hofzwerge» durchaus als Chance für sozialen Aufstieg. Sie nutzten ihre Stellung für materielle Gewinne und den Ausbau eigener Netzwerke und wurden bisweilen zu selbstbewussten

Abb. 2
Karl Emanuel I. von Savoyen mit «Hofzwerg», 1572, Ölbild von Giacomo Vighi.

Abb. 3
Markgraf Christian Ernst von Brandenburg-Bayreuth mit seinem «Hofzwerg» Johann Tramm. Reiterstandbild von Elias Räntz, Markgrafenbrunnen Bayreuth.

Günstlingen und Beratern. Am Münchner Hof etwa war die Hofkammer 1611 bei der Durchsicht der jährlichen Ausgaben für den Hofstaat auf erstaunliche Privilegien gestoßen. Herzog Maximilians I. «Kammerzwerg» Gregor Oranzky wurden aus der Hofkasse nicht nur eine stattliche Besoldung und diejenige seines Dieners, sondern auch ein Zimmer, Holz, der Tisch zu Hof sowie etliche kostbare Kleider bezahlt, was den herzoglichen Räten bei aller Loyalität dann doch klar zu viel des Guten schien. Als der «Kammerzwerg» Anfang des Jahres schließlich erneut auffallend viele Materialien bei der herzoglichen Schneiderei eingefordert hatte, wurden die Räte hellhörig. Wie sie in einer Eingabe an den Herzog forderten, sollten insbesondere die Kleidergelder des «Hofzwergs» deutlich gekürzt werden, da es der Hofkammer schien, als «wern dergleichen sachen yber Ime khaufft und zu gelt gemacht worden». Wenn man ihm die Kosten für die Leibkleider künftig auf jährlich 100 Gulden kürze, könne er, urteilten die Räte, «dannoch sauber aufziehen, und mit Ehren bestehen».[11] Ob der «Hofzwerg» sich tatsächlich auf Kosten des Hofes bereichert hatte oder die Hofräte nur einen Vorwand gesucht hatten, lässt sich nicht mehr aus den Quellen beurteilen. Gregor Oranzky aber war von diesem Vorschlag alles andere als begeistert und sah in diesem Vorstoß einen klaren Angriff auf seine Person. Mehr als 28 Jahre lang habe man ihn, wie er in mehreren empörten Bittschriften an den Herzog betonte, mit seinen Kleidern und allem anderen gewähren lassen, und nun wolle der Herr Kammerpräsident ihn wieder wie ein Kind behandeln: «Vielleicht er nit Vermaint, das Ich mich selbst Regieren khan! Das Khumbt mir erst in meinen alten tagen Schmerzigelich an.»[12] Schließlich hatte er als «Hofzwerg» auch eine Stellung und eine (männliche) Ehre zu verteidigen.

«[W]issen's, was noch heute der Traum meiner Nächte ist¿», lässt Fritz von Herzmanovsky-Orlando seinen Protagonisten 300 Jahre später in *Der Gaulschreck im Rosennetz*, einem satirischen Abgesang auf den Untergang der K.u.K. Monarchie, fragen: «Hofzwerg sein! Was hab ich als Jüngling mit dem Schicksal gehadert, das mich groß und schlank gewachsen sein ließ, das mir meinen Lebenswunsch grausam versagt hat! Ja, Hofzwerg gewesen sein dürfen zu können, das wäre der Wunsch meines Herzens. Gibt's denn ein schöneres Amt, frag ich, als stets um seinen Herrscher zu sein, stets sein geneigtes, erhabenes Ohr zu besitzen, stets ihn erheitern zu dürfen¿»[13]

1 Robert Bogdan: Freak Show. Presenting Human Oddities for Amusement and Profit, Chicago u.a. 1988, S. 148–161.

2 Zit. bei: Lavinia Warren: Some Recollections: The Story of My Marriage and Honeymoon from Mrs. Tom Thumb's Autobiography, New York Tribune Sunday Magazine, October 7, 1906, S. 12.

3 Ebd., S. 14.

4 Ein zeitgenössisches Lexikon definierte «Zwerge» als Personen, die «die gewöhnliche Leibes-Grösse nicht erreiche[n], sondern weit darunter unmäßig klein bleibe[n]» und damit als solche, «an welchen die Natur der Grösse wegen geirret». Art. «Zwerg», in: Johann Heinrich Zedler (Hg.): Grosses vollständiges Universal-Lexicon aller Wissenschafften und Künste, Welche bißhero durch menschlichen Verstand und Witz erfunden und verbessert worden, Halle/Leipzig 1732–1754, Bd. 64 (1750), Sp. 1118–1120, hier Sp. 1119. In Abgrenzung zu diesen Begriffen wird heute neutraler von Kleinwuchs bzw. kleinwüchsigen Menschen gesprochen.

5 Die Liste ließe sich problemlos fortführen. Zu diesem Phänomen an den deutschen Höfen des 16.–18. Jahrhunderts Eva Seemann: Hofzwerge. Kleinwüchsige Menschen an deutschsprachigen Fürstenhöfen der Frühen Neuzeit, Göttingen 2023. Zu Kleinwüchsigen in der Antike vgl. Véronique Dasen: Dwarfs in Ancient Egypt and Greece, Oxford/New York 1993. Einen breiten Überblick über die Geschichte kleinwüchsiger Menschen bieten Betty Adelson: The Lives of Dwarfs. Their Journey from Public Curiosity Toward Social Liberation, New Brunswick 2005; Alfred Enderle/Gerd Unverfehrt: Kleinwuchs. Eine Kulturgeschichte in Bildern, Göttingen 2007.

6 Siehe aus diesem Feld Lynne Vallone: Big & Small. A Cultural History of Extraordinary Bodies, New Haven 2017; Elsbeth Bösl, Elsbeth/Anne Klein/Anne Waldschmidt (Hg.): Disability History. Konstruktionen von Behinderung in der Geschichte: eine Einführung, Bielefeld 2010; Rosemarie Garland Thomson (Hg.): Freakery. Cultural Spectacles of the Extraordinary Body, New York, NY [u. a.] 1996.

7 Zit. bei Johannes Voigt: Fürstenleben und Fürstensitte im sechzehnten Jahrhundert, in: Historisches Taschenbuch 6 (1835), S. 201–371, hier S. 329.

8 Zum Begriff des «Melancholievertreibers» Wolf Lepenies: Melancholie und Gesellschaft, Frankfurt/M. 1972, S. 90–96.

9 Seemann: Hofzwerge, S. 340–357.

10 Sebastian Karnatz: Der Musenhof in der Provinz. Elias Räntz als Hofkünstler des Markgrafen Christian Ernst von Brandenburg-Bayreuth, in: ders./Nico Kirchberger (Hg.): Signatur und Selbstbild. Die Rolle des Künstlers vom Mittelalter bis in die Gegenwart. Festschrift für Albrecht Dietl, Berlin 2019, S. 134–146, hier S. 140 f.

11 Bericht der Hofkammer an Herzog Wilhelm vom 1. Febr. 1611, in: BayHStA München, HR 1, Fasz. 47, Nr. 61/5.

12 Undatierte Supplik Gregor Oranzkys, ebd., o. S.

13 Fritz von Herzmanovsky-Orlando: Der Gaulschreck im Rosennetz. Groteske, hrsg. von Klaralinda Ma-Kircher, St. Pölten/Salzburg/Wien 2013 [1928], S. 52.

Martin Mulsow

Fast große Männer

Es gibt einige Gründe, warum aus ihnen nichts geworden ist: Klein gewachsen, jung gestorben, nichts erreicht. Vor allem: Nichts zu Lebzeiten publiziert, nichts abgeschlossen. Doch selbst sie haben ihre beflissenen Historiker gehabt. Einer von ihnen, der Holländer Theodoor Jansson ab Almeloveen, kam auf die Idee, sich eine Bibliothek zu imaginieren, die alle nicht geschriebenen oder nicht veröffentlichten Bücher der Autoren enthielte, die hoch bedeutend gewesen wären, wenn die Bücher denn nur das Licht der Öffentlichkeit erblickt hätten.[1] In alphabetischer Ordnung listete er diese Verfasser 1692 in seiner *Bibliotheca promissa et latens* auf, der «versprochenen und verborgenen Bibliothek».

Almeloveen war inspiriert worden von einem Abschnitt aus Daniel Georg Morhofs *Polyhistor*, der Navigationsfibel für alle, die etwas über Bücher und Wissensordnungen erfahren wollten. Dort hatte der Kieler Professor notiert: «Oft werden von gelehrten Männern auch Bücher geschrieben, an denen sie Zeit ihres Lebens geschwitzt haben, und die, wenn sie keine Verleger finden konnten, ihre Nachkommen oft anderen überlassen, die sich aus dem fremden Fundus einen guten Ruf aufbauen, nur um dann mit Ratten und Kakerlaken zu kämpfen, oder zu den Fälschern und Parfümhändlern gerechnet zu werden.»[2] Die hinterlassenen Manuskripte derer, die ihr Lebenswerk nicht mehr publizieren konnten und die Stunde ihres Ruhms verpasst haben, sollte man, riet Morhof, für die Nachwelt verzeichnen.

Kein Wunder, dass in den Jahren um 1700 so viel Liegengebliebenes aufzustöbern war. Die Wissenschaft stellte sich in jenen Jahren um auf Empirie und Mathematisierung, die Philologie verabschiedete altgewohnte Mythen, und es häuften sich die kühnen Projektemacher, die große Architekturen in die Luft zeichneten, aber nicht ausführten.[3] Und wie antworteten die universitären Gelehrten? Sie legten immer neue Zettel und Karteikarten an, schrieben «Accessiones», Zusätze, um auf dem ins Rutschen geratenen Berg des Wissens eine weitere kleine Votivgabe zu platzieren.[4] Manchmal starben sie dann, weil sie versäumt hatten, das Ergänzen rechtzeitig abzubrechen. Ein Objekt von «Accessiones» wurde auch die *Bibliotheca promissa et latens* selbst. Kaum war sie erschienen, schrieb sich der in der Nähe von Nürnberg aufwachsende frühreife Teenager Rudolf Martin Meelführer begeistert Ergänzungen in sein dafür mit leeren Blättern durchschossenes Exemplar.[5] Er kannte in seinem Umfeld noch viel mehr Fälle in Stubenschränken verschlossener wissenschaftlicher Großtaten fast bedeutender Männer – insbesondere was die jetzt modischen orientalischen Studien betraf, die man in Altdorf und Augsburg, in Breslau und Basel betrieb.[6] Oft waren für die syrischen, äthiopischen oder arabischen Passagen keine Lettern in den Druckereien vorrätig, oder die Bücher wurden so kostspielig, dass die Verleger aus ökonomischem Kalkül vor dem Druck zurückschreckten. *Prodromus Germaniae orientalis* betitelte Meelführer 1698 seine schmale Dissertation, in der er einige dieser Fälle anführte. In diesem «Vorboten des orientalischen Deutschland» wollte der junge Forscher zeigen, dass es nicht nur in Frankreich, England und den Niederlanden große Orientforscher gebe, sondern auch in Deutschland.[7] Zumindest fast große, denn die Texte und Autoren waren ja kaum bekannt.

Ein Jahr später dann verarbeitete Meelführer seine Notizen im durchschossenen Exemplar zu gedruckten «Accessiones» zu Almeloveens *Bibliotheca*.[8] Zu den 70 Seiten im Lexikon verpasster Größe des Holländers fügte er stolze 107 weitere Seiten hinzu. Beide Männer waren Spurensucher prekären Wissens.[9] Und Georg Hieronymus Welsch war ihr größter Fall.

Welsch war klein. Das Porträt, das es von ihm gibt, zeigt ihn als eher gedrungenen, in sich verschlossenen, schwarz gekleideten Mann.[10] Der Geist in diesem Körper aber war groß, und obwohl Welsch kränklich und depressiv die eigenen vier

Abb. 1
Noch mehr verborgenes Wissen fast großer Männer: Meelführers «Accessiones» zu Almeloveens «Bibliotheca promissa et latens».

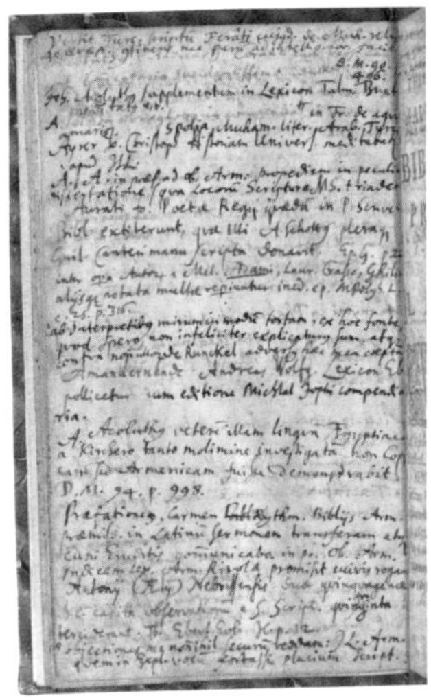

THEODORI JANSONII
ab ALMELOVEEN. M.D.
BIBLIOTHECA
PROMISSA
ET
LATENS.

Wände in Augsburg kaum verließ, durchreiste er mit seiner universalen Gelehrsamkeit die Büchergalaxie. Er verfügte souverän über die griechische und römische Antike, beherrschte zahlreiche exotische Sprachen, las auch arabische, persische und türkische Werke; er war nicht nur vertraut mit Medizin und Naturkunde, sondern interessierte sich auch für Literatur und Philosophie aller Völker, bis hin zu deren Fabeln und Mythen. Man wird vor diesem Horizont an Gelehrsamkeit vielleicht zunächst erstaunen, wenn man hört, das eines seiner Hauptwerke von Würmern handelt.[11] Wie soll man mit einem Wurm Geistesgröße erlangen? Selbst wenn die Würmer auf ihren Wanderwegen durch alle Kulturen verfolgt werden, und bis auf sämtliche Münzen, Gerätschaften und Bilder, die von ihnen künden?

Vielleicht gerade durch diesen reflektierten Kunstgriff von «High and Low». In Welschs kulturgeschichtlicher Rekonstruktion blähen sich die Würmer auf zu Drachen, und er bezieht die globale Drachenkunde in sein Thema ein. So wird aus klein groß. Immerhin würden die Medinawürmer – Parasiten des Orients – «dracuncula» genannt, kleine Schlangen oder Drachen.

Welsch starb 1677 mit gerade einmal 53 Jahren. Zwar hatte er einige Bücher zu Lebzeiten veröffentlicht, doch das war nur ein kleiner Wurmfortsatz dessen, was er in seinem Einsiedlerdasein in pausenloser Produktion geschaffen hatte. Sein Nachlass zählte über 100 mehr oder weniger fertige Schriften. Als Welschs Neffe Lucas Schoeck 1690 davon Kenntnis bekam, dass Almeloveen an einer *Bibliotheca promissa et latens* arbeitete, schickte er ihm einen Brief, in dem er ihm von den verborgenen Schätzen seines Onkels erzählte.[12] Almeloveen entschloss sich, seinem Lexikon jene Schrift anzuhängen, in der Welsch kurz vor seinem Tode den «Buchhändlern und Druckern des Heiligen Römischen Reiches» all seine auf die Veröffentlichung wartenden Schriften schilderte und anbot.[13] Meelführer versuchte, auch in Sachen Welsch sein Vorbild Almeloveen zu übertrumpfen. Er notierte sich in Welschs Nachlassliste an einigen Stellen die Pri-

Abb. 2
Low and High. Wurmforscher und Universalgelehrter – Georg Hieronymus Welsch.

vatbibliotheken, in die es die jeweiligen Manuskripte inzwischen verschlagen hatte. So hatte er in Gottlieb Spizels Haus Welschs große *Historia literaria Turcorum* lokalisiert, oder zumindest: eine Skizze ihres Inhalts.[14]

Die Skizze edierte er als Anhang seiner *Accessiones*.[15] Der Text zeigt, dass Welsch nicht nur zur Würmer-Mikrogeschichte, sondern auch zur globalen Transfergeschichte fähig war, denn seine Heimatstadt Augsburg besaß schon im 16. und 17. Jahrhundert weltweite Verbindungen.[16] Als Apothekersohn hatte Welsch Substanzen aus nah und fern vor sich liegen, und er präsentierte sie willig zum Zweck einer Universalgeschichte des Schreibens: «Die indische purpurrote Tinte Ibn Sinas. Gattungen von Tinte. Rote Tinten. Chinesische, persische, kufische Tinte. Chinas gewöhnliche Tuschsteine, königlich: mit Drachen markiert, andere mit Tieren markiert. Amerikanische Kaubohnen. Brasilianische tintenfarbene Rinde aus Pacoserve: eine andere aus Jacapucaya, grau. Tinte aus der Frucht von Ibiraba.»[17]

Einer der in Meelführers Liste genannten fast großen Autoren ist Daniel Wilhelm Moller, ein Professor aus dem fränkischen Kaff Altdorf, aus dem so viele Orientalisten um 1700 entsprangen. Auch Moller war mit dem ganz Großen beschäftigt, der Grauzone von Fabelwesen zwischen Natur und Mythos, die Welsch so faszinierte.[18] Genau in dem Jahr 1698, als Meelführer seinen *Prodromus Germaniae orientalis* schrieb, hat Moller eine Dissertation über Riesen vorgelegt. In ihr steht auf dem Prüfstand, ob die vorsintflutlichen Riesen, von denen man schon in der Bibel liest, wirklich aus Erde gezeugt waren. Er bezweifle, so Moller, dass die Natur Riesen aus reiner Erde hervorbringen könne, zumal unter Berücksichtigung neuerer Ausgrabungen.[19] Sein Wittenberger Kollege Andreas Sennert hatte schon Jahrzehnte zuvor anhand von Knochenfunden versucht, die Spur der vorzeitlichen großen Männer von Kanaan über Anatolien und Griechenland bis nach Germanien und weiter nach Skandinavien zu rekonstruieren.[20] Dort hatte man die meisten Hünengräber vorgefunden. Aber vielleicht war das eine Rasse für sich gewesen, nicht Vorläufer des Homo sapiens. Es sei so eine Sache mit dem Riesentum der großen Menschen, meint Moller. «Daß unsere Vorfahren im Allgemeinen größer waren als die heutigen Menschen, läßt sich nirgends beweisen. Daher ist es wahrscheinlich, daß nicht alle Menschen vor der Sintflut zu riesenhafter Größe angeschwollen waren, sondern dass es auch kleine, mittlere, große, und sehr große gab, wie es heute normalerweise der Fall ist.»[21] Und fast große.

1 Saskia Stegeman: Patronage and Services in the Republic of Letters: The Network of Theodorus Janssonius van Almeloveen (1657–1712), Amsterdam 2005. Zu imaginären Bibliotheken schon im frühen 17. Jahrhundert Dirk Werle: Copia librorum. Problemgeschichte imaginierter Bibliotheken 1580–1630, Tübingen 2007.

2 Georg Daniel Morhof: Polyhistor, Lübeck 1688, Buch I, Kap. 7; vorangestellt bei Almeloveen: Bibliotheca promissa et latens, Gouda 1692.

3 Vgl. Markus Krajewski (Hg.): Projektemacher. Zur Produktion von Wissen in der Vorform des Scheiterns, Berlin 2004. Zur Projektemacherei um 1700 vgl. Martin Mulsow: Aufklärungs-Dinge. Zweifler und Verzweifelte im Umbruch des Wissens um 1700 (i. E.).

4 Vgl. Philippe Schmid: A Culture of Reuse: Libraries, Learning and Memory in Early Modern Germany, Diss. St. Andrews 2022; zur Vorläufigkeit in der Botanik vgl. Bettina Dietz: Iterative Books. Posthumous Publishing in Eighteenth-Century Botany, in: History of Science 60/2 (2022), S. 166–182.

5 Das Exemplar hat sich in der Königlichen Bibliothek in Den Haag erhalten.

6 Vgl. etwa Asaph Ben-Tov: Johann Ernst Gerhard (1621–1668). The Life and Work of a Seventeenth-Century Orientalist, Leiden 2021.

7 Rudolf Martin Meelführer: Prodromus Germaniae orientalis, Altdorf 1698.

8 Rudolf Martin Meelführer: Accessiones ad celeber. viri, Theodori Jansonii ab Almeloveen, Med. et Polyhistoris Hardervic. Bibliothecam promissam et latentem, Nürnberg/Leipzig 1699.

9 Zum prekären Wissen vgl. Martin Mulsow: Prekäres Wissen, Berlin 2012; zum akademischen Vergessen vgl. Tobias Winnerling: Das Entschwinden der Erinnerung. Vergessen-Werden im akademischen Metier zwischen 18. und 20. Jahrhundert, Göttingen 2021.

10 Vgl. Lucas Schroeck: Memoria Welschiana, sive Historia vitae viri celeberrimi, Dn. Georgii Hieronymi Welschii, Augustani, Augsburg 1678.

11 Georg Hieronymus Welsch: Exercitatio de vena medinense ad mentem Ebnsinae, sive de dracunculis veterum: cui accedit altera, de vermiculis capillaribus infantium, Augsburg 1674.

12 Schroeck an Almeloveen, August 1690, Bayerische Staatsbibliothek München, Clm 10384, Epistolae ad T. J. ab Almeloveen, fol. 265r-v.

13 Georg Hieronymus Welsch: Epistola de scriptis suis ad bibliopolas et typographos S. Rom. Imperii, in: Almeloveen: Bibliotheca (Anm. 2), S. 72–155. Almeloveen fügte außerdem mit Schroecks Hilfe noch ein Verzeichnis von gut 70 faktenreichen Briefen an, die zum Zeitpunkt von Welschs Tod unabgeschickt auf dessen Schreibtisch lagen.

14 Meelführer: Accessiones, S. 128.

15 Ebd., S. 168–176: Georgii Hieronymi Velschii Tractatus de literatura orientali sive Historiae turcarum literariae sciagraphia. Vgl. Vera Keller: The Ottomanization of the History of Knowledge: The Historia literaria turcarum of Georg Hieronymus Welsch (1624–1677), in: Lias 46 (2019), S. 201–231.

16 Vgl. Mark Häberlein: Aufbruch ins globale Zeitalter. Die Handelswelt der Fugger und Welser, Darmstadt 2016.

17 Georg Hieronymus Welsch: Tractatus de literatura orientali, S. 169.

18 Vgl. Bernd Roling: Drachen und Sirenen. Die Rationalisierung und Abwicklung der Mythologie an den europäischen Universitäten, Leiden 2010.

19 Zur «Riesenforschung» um 1700 vgl. ebd., S. 393–479.

20 Andreas Sennert: De gigantibus dissertatio historico-philologica, Wittenberg 1663.

21 Daniel Wilhelm Moller: Disputatio de gigantibus, Altdorf 1698, § XV.

Bildnachweis: Abb. 1: Koninklijke Bibliotheek, Nationale Bibliotheek van Nederland. – Abb. 2: Stich von Johann Jacob Haid (1747) nach einem zeitgenössischen Bildnis. Aus: Lucas Schroeck: Memoria Welschiana (...). HAB Wolfenbüttel.

Die Autorinnen und Autoren

PATRICK BAHNERS
geb. 1967, ist Historiker und verantwortlicher Redakteur für «Geisteswissenschaften» der Frankfurter Allgemeinen Zeitung. 2023 ist erschienen *Kampagne in Deutschland. Bénédicte Savoy und der Streit um die Raubkunst.*

MAXIMILIAN BENZ
geb. 1983, ist Professor für Deutsche Literatur des Mittelalters und der Frühen Neuzeit an der Universität Bielefeld. 2022 ist erschienen *Arbeit an der Tradition. Studien zur literarhistorischen Stellung und zur poetischen Struktur der Werke Rudolfs von Ems.*

HEINZ-GERHARD HAUPT
geb. 1943, ist Professor Emeritus für Sozialgeschichte an der Universität Bielefeld. 2019 ist erschienen *Den Staat herausfordern. Attentate in Europa im späten 19. Jahrhundert.*

HEIKO HECHT
geb. 1960, leitet die Abteilung Experimentelle Psychologie an der Johannes Gutenberg-Universität Mainz. 2012 ist erschienen *Psychologie als empirische Wissenschaft – Essentielle wissenschaftstheoretische und historische Grundlagen.* (zus.mit W. Desnizza).

DIRK VAN LAAK
geb. 1961, ist Professor für Zeitgeschichte an der Universität Leipzig. 2019 ist erschienen *Alles im Fluss. Die Lebensadern unserer Gesellschaft – Geschichte und Zukunft der Infrastruktur.*

WOLF LEPENIES
geb. 1941, ist Professor Emeritus für Soziologie und Permanent Fellow am Wissenschaftskolleg zu Berlin. 2016 ist erschienen *Die Macht am Mittelmeer. Französische Träume von einem anderen Europa.*

MARTIN MULSOW
geb. 1959, ist Professor für Wissenskulturen der europäischen Neuzeit und Direktor des Forschungszentrums Gotha. 2022 ist erschienen *Überreichweiten. Perspektiven einer globalen Ideengeschichte.*

HEDWIG RICHTER
geb. 1973, ist Professorin für Neuere und Neueste Geschichte an der Universität der Bundeswehr München. 2021 ist erschienen *Aufbruch in der Moderne. Reform und Massenpolitisierung im Kaiserreich.*

ULINKA RUBLACK
geb. 1967, ist Professorin für Geschichte am St. John's College an der University of Cambridge. 2022 ist erschienen *Die Geburt der Mode. Eine Kulturgeschichte der Renaissance.*

KIRSTEN SCHEID
ist Professorin für Anthropologie und Medienwissenschaften an der American University in Beirut. 2013 ist erschienen *The Everywhere in Here,* in: peepingion digest. No.3. Beirut.

HANNELORE SCHLAFFER
geb. 1939, ist Essayistin und freie Autorin. 2022 ist erschienen *Zeit meines Lebens. Was war und noch ist.*

DANIEL SCHÖNPFLUG
geb. 1969, ist Professor für Neuere Geschichte an der FU Berlin und Leiter der wissenschaftlichen Programme des Wissenschaftskollegs zu Berlin. 2017 ist erschienen *Kometenjahre 1918 – eine Welt im Aufbruch.*

EVA SEEMANN
geb. 1987, ist wissenschaftliche Mitarbeiterin am DHI Paris. 2023 ist erschienen *Hofzwerge. Kleinwüchsige Menschen an deutschsprachigen Fürstenhöfen der Frühen Neuzeit.*

BARBARA STOLLBERG-RILINGER
geb. 1955, ist Rektorin am Wissenschaftskolleg zu Berlin. 2017 ist erschienen *Maria Theresia. Die Kaiserin in ihrer Zeit.*

DOMINIK WABERSICH
geb. 1992, ist wissenschaftlicher Mitarbeiter am Deutschen Literaturarchiv Marbach und arbeitet im Projekt «Archivierung, Erschließung und Erforschung von Born-digitals» des MWW-Forschungsverbunds.

BARBARA WITTMANN
geb. 1971, ist Professorin für Kunstwissenschaft an der Universität der Künste in Berlin. 2018 ist erschienen *Bedeutungsvolle Kritzeleien. Eine Kultur- und Wissensgeschichte der Kinderzeichnung, 1500 bis 1950.*